Einführung Tourismus

Überblick und Management

von

Waldemar Berg

2., überarbeitete Auflage

Oldenbourg Verlag München

Lektorat: Thomas Ammon
Herstellung: Tina Bonertz
Titelbild: thinkstockphotos.com
Einbandgestaltung: hauser lacour

Bibliografische Information der Deutschen Nationalbibliothek
Die Deutsche Nationalbibliothek verzeichnet diese Publikation in der Deutschen Nationalbi-
bliografie; detaillierte bibliografische Daten sind im Internet über http://dnb.dnb.de abrufbar.

Library of Congress Cataloging-in-Publication Data
A CIP catalog record for this book has been applied for at the Library of Congress.

© 2014 Oldenbourg Wissenschaftsverlag GmbH
Rosenheimer Straße 143, 81671 München, Deutschland
www.degruyter.com/oldenbourg
Ein Unternehmen von De Gruyter

Gedruckt in Deutschland

Dieses Papier ist alterungsbeständig nach DIN/ISO 9706.

ISBN   978-3-486-72506-3
eISBN   978-3-486-77991-2

Vorwort zur 2. Auflage

Die Tourismusbranche ist eine nach wie vor von starken Veränderungen geprägte Branche, deren Spezifika immer noch sehr komplexe Anforderungen an alle im Tourismus tätigen Akteure stellen. In den Fokus der Betrachtung rücken immer stärker die volkswirtschaftlichen Effekte des Tourismus sowie Managementtechniken.

Im ersten Kapitel wird der Grundstein für ein besseres Verständnis gelegt: die Tourismusbranche wird dem Leser durch Definitionen, Abgrenzungen, aktuelle Kennzahlen, unterschiedliche Effekte sowie durch die Angebots- und Nachfrageseite näher gebracht.

Das zweite Kapitel zeigt die Vernetzung der Tourismusbranche mit der Politik, führt die Notwendigkeit einer gezielten und bewussten Tourismuspolitik auf und mündet in einer Übersicht der Interessensvertreter (z. B. Organisationen, Dach- und Fachverbände) auf globaler, internationaler, nationaler, regionaler und lokaler Ebene und stellt deren Zielsetzungen, Tätigkeiten und Instrumente dar.

Ausgewählte Managementformen sind Inhalte des dritten Kapitels. Dabei wird sowohl auf die Begrifflichkeit als auch auf die Funktionen des Managements eingegangen. Im Folgenden werden ausgewählte und für die Tourismusbranche bzw. Tourismusunternehmen typische Managementformen wie z. B. Yield-, Cash-, Krisen-, Risiko-, Qualitäts-, Projekt-, Corporate Social Responsibility-, Lean-, Change- und Human-Ressource-Management, beschrieben und deren Notwendigkeiten, Umsetzungsproblematiken und andere spezifischen Merkmale aufgezeigt.

Dieses Buch *Tourismus: Grundlagen und Management* richtet sich an alle Studenten/-innen von Universitäten, Hochschulen, Berufsakademien und privaten Bildungseinrichtungen mit dem Schwerpunkt Tourismus in all seinen Ausprägungen, und leistet einen Beitrag für ein grundlegendes Verständnis der Tourismusbranche, ihre Vernetzung mit anderen Wirtschafts- und Industriezweigen sowie ihre Spezifika und Funktionsweisen.

München, im April 2013

Professor Waldemar Berg

Inhaltsverzeichnis

1 Wirtschaftsfaktor Tourismus

Lernziele ◎

Am Ende dieses Kapitels sollten Sie Folgendes können:

- wesentliche Grundlagen im Tourismus beherrschen sowie wichtige Definitionen und Abgrenzungen vornehmen können;
- die Entstehung und die Entwicklung der Tourismuswirtschaft nachvollziehen können;
- die ökonomische Bedeutung des Tourismus beherrschen, wichtige Kennzahlen und Effekte kennen und Tourismus als einen wichtigen Wirtschaftsfaktor begreifen;
- wesentliche Spezifika der Anbieter-und Nachfragerseite kennen und nachvollziehen können.

Strandkörbe an der Nordseeküste

1.1   Grundlagen im Tourismus

Die Tourismusbranche ist eine der wichtigsten Wachstumsbranchen weltweit. Die WTO (World Tourism Organisation – Welttourismusorganisation) bescheinigt der Tourismuswirtschaft ein stetiges und über dem Durchschnitt anderer Branchen liegendes Wachstum, trotz starker Schwankungen in den vergangenen Jahren ausgelöst durch eine volatile Konjunktur, Epidemien, kriegerische Handlungen und weltweite Terroraktionen. Nach Angaben der UNWTO wird für die Jahre bis 2030 ein weltweites Wachstum um 4,4% erwartet. In Europa, als volumenstärkster Markt, wird mit einem Wachstum von 5,8% gerechnet. Die deutsche Reisebranche hat sich erneut als Wachstumsmotor der deutschen Wirtschaft bewährt. Der gesamtwirtschaftliche Produktionswert der Tourismusindustrien in Deutschland belief sich im Jahr 2011 auf ca. 278,3 Mrd. Euro. Hierbei wird von einer direkten Wertschöpfung der Tourismusbranche von ca. 97,0 Mrd. Euro ausgegangen. Die Deutschen sind die größten Nettodevisenbringer im internationalen Reiseverkehr. Die Tourismuswirtschaft ist eine „Querschnittsindustrie"; Kernbereiche der Tourismuswirtschaft sind das Gastgewerbe, Reiseveranstalter und Reisemittler sowie Verkehrsbetriebe wie Fluglinien, Reedereien, Bahn, Bus- und Mietwagenunternehmen.

Die Begriffe Tourismus, Fremdenverkehr, Reiseverkehr werden oftmals (und wahlweise) synonym oder für unterschiedliche Erscheinungen verwendet. Der Begriff Fremdenverkehr wird aufgrund der Dienstleistungs- und Kundenorientierung heute zunehmend durch den Begriff Tourismus ersetzt, denn ein Gast oder Kunde wird ungern als Fremder bezeichnet. All diese Bezeichnungen meinen das Reisen, also den Verkehr zwischen dem Heimatort und dem vorübergehenden Aufenthaltsort einer Person zum Zweck der Erholung, der Regeneration, des Gelderwerbs und aus sonstigen Gründen. Der Begriff Fremdenverkehr wird für die Gesamtheit der Beziehungen und Erscheinungen, die mit einer Reise in Verbindung steht, verwendet (*Freyer 2011*). Der Begriff Fremdenverkehr, heute Tourismus, beschäftigt Wissenschaftler bereits seit gut hundert Jahren. Demzufolge wurden im Zeitablauf auch mehrere Definitionsansätze formuliert, von denen nachfolgend eine Auswahl präsentiert wird.

> „Fremdenverkehr ist der Begriff all jener und in erster Reihe aller wirtschaftlichen Vorgänge, die sich im Zuströmen, Verweilen und Abströmen Fremder nach, in und aus einer bestimmten Gemeinde, einem Lande, betätigen und damit unmittelbar verbunden sind." (*Schullern zu Schrattenhofen, 1911*)

> „Summe der Beziehungen zwischen einem am Orte seines Aufenthaltes nur vorübergehend befindlichen Menschen an diesem Ort." (*Glücksmann, 1935*)

„Fremdenverkehr ist somit der Inbegriff der Beziehungen und Erscheinungen, die sich aus dem Aufenthalt Ortsfremder ergeben, sofern durch den Aufenthalt keine Niederlassung zur Ausübung einer dauernden oder zeitweilig hauptsächlichen Erwerbstätigkeit begründet wird." (*AIEST, 1954*)

„Das Studium des Tourismus sei folglich das Studium von Personen außerhalb von ihrem normalen Lebensraum, der Einrichtungen, die den Erfordernissen der Reisenden entsprechen und der Wirkungen, die sich auf das ökonomische, physische und soziale Wohlergehen der Gastgeber haben." (*Jafari, 1977*)

Definitionsansatz im angelsächsischen Raum: „Tourismus ist als eine temporäre Bewegung/Reise von Personen nach Destinationen außerhalb ihrer normalen Arbeits- und Wohnstätte definiert." (*Mathieson/Wall, 1982*)

Definitionsansatz nach WTO: analog zu e. g. Definitionen: „… sind Touristen Personen, die ein anderes Land besuchen als das, in dem sie den normalen Wohnsitz haben, für irgendeinen Grund, außer einer Beschäftigung nachzugehen, die vom besuchten Land bezahlt wird." (*Inskeep, 1991*)

„Die Gesamtheit der Beziehungen und Erscheinungen, die sich aus dem Reisen und dem Aufenthalt von Personen ergeben, für die der Aufenthaltsort weder hauptsächlicher und dauernder Wohn- noch Arbeitsort ist." (*Kaspar, 1996*)

„Fremdenverkehrspolitik ist die zielgerichtete Planung und Beeinflussung/Gestaltung der touristischen Realität und Zukunft durch verschiedene Träger – staatliche, private, übergeordnete." (*Freyer, 2001*)

Demzufolge ist ein Reisender jemand, der einen befristeten Ortswechsel (vorübergehende Ortsveränderung) zum Zweck der Erholung (Regeneration) oder dem Gelderwerb vornimmt. Tourismus (oder Fremdenverkehr) schließt außer der Urlaubsreise auch den gesamten Geschäftsreiseverkehr, Tagungs-, Messe- und Kongressreisen sowie die Kur- und Bäderreisen mit ein. Nach *Bieger (2002, S. 2)* beinhaltet der Tourismus sowohl Geschäfts- als auch Freizeitreisen. Tourismus erfasst nicht nur die Angebote und Nachfrager, sondern auch die wirtschaftlichen, ökologischen, politischen und gesellschaftlichen Folgen. Der Tourismus ist nicht nur ein Wirtschafts-, sondern ein Lebensbereich (12–15% ihres aktiven Lebens verbringt eine Person eines europäischen Industrielandes, die konsequent alle gesetzlichen Ferien ausschöpft, als Tourist – Geschäftsreisen nicht eingerechnet). Tourismus ist sowohl Mobilität im normalen Wohn- und Arbeitsbereich (Freizeit- und Geschäftsreisen) als auch Bewegung/Mobilität außerhalb des normalen Wohn- und Arbeitsbereiches sowie Reisen mit Übernachtungen (Urlaubs- und Geschäftsreisen).

Freyer bilanziert aus den o. g. Definitionsansätzen und unterscheidet zwischen einem touristischen Kernbereich, einem engeren und weiteren Tourismusbegriff. Der „weit" gefasste Tourismusbegriff meint alle Erscheinungen, die mit dem Verlassen des gewöhnlichen Aufenthaltsortes und dem Aufenthalt am anderen Ort verbunden sind, während der „eng" gefasste Tourismusbegriff eine Abgrenzung hinsichtlich der Zeit und Reisedauer, des Ortes und der Entfernung und der Motive des Ortswechsels mit der jeweiligen Schwerpunktsetzung vornimmt. Der touristische Kernbereich betrachtet eine mindestens mehrtägige Urlaubs- und Erholungsreise. Tourismus ist von zwei wesentlichen Faktoren abhängig. Zum einen von konstitutiven Elementen des Reisens (der Ortswechsel, der Aufenthalt und das Motiv) und zum anderen von der verfügbaren Zeit bzw. Freizeit (gebundene und/oder ungebundene).

Ein weiterer Ansatz einer wissenschaftlichen Betrachtung ist die Unterscheidung bzw. die Definition des Begriffes Tourismus bzw. Fremdenverkehr (*Eisenstein 2000*) in eine **Normaldefinition** (Teilung zwischen „Verkehr" und „fremd"), eine **Realdefinition** (Betrachtung des Fremdenverkehrs überwiegend bzw. ausschließlich aus Sicht seiner ökonomischen Wirkungen) und eine **Universaldefinition** (Versuch der Erfassung aller mit dem Begriff Fremdenverkehr in Zusammenfassung stehende Arten, Erscheinungsformen und Merkmale durch Verallgemeinerungen).

Die Tourismusindustrie wird abgegrenzt in eine „klassische" (auch primäre oder Tourismusindustrie i. e. S.), eine „ergänzende" Tourismusindustrie und eine touristische „Randindustrie" (*Freyer 2011*).

- **klassische Tourismusindustrie**: Hier werden tourismus-typische Produkte und Dienstleistungen von tourismus-typischen Unternehmen (z. B. Reiseveranstalter, Reisemittler, Fluggesellschaften) für einen typischen Nachfrager (Reisenden) erstellt.
- **ergänzende Tourismusindustrie**: Hier werden tourismus-typische Produkte und Dienstleistungen (z. B. Reiseliteratur, Reisebekleidung) von einem tourismus-untypischen Unternehmen (z. B. Verlag, Bekleidungsunternehmen) für einen typischen Nachfrager (Reisenden) erstellt.
- **touristische Randindustrie**: Hier werden tourismus-untypische Produkte und Dienstleistungen (z. B. Bewirtungen, Massagen) von tourismus-untypischen Unternehmen (z. B. Gastronomen, physiotherapeutische Praxen, Friseure) für typische Nachfrager (Reisende) erstellt.

Reisen haben sich von einem **„Luxusgut"** in der Vergangenheit zu einem **„Massengut"** in der Gegenwart entwickelt. Dies ist einer Reihe von Faktoren geschuldet (*Freyer 2011*). Zu dieser Entwicklung trugen bei u. a. das Transportwesen und die Motorisierung der Gesellschaft, eine verbesserte Einkommenssituation und der gestiegene Wohlstand der Bevölkerung (insbesondere ab dem Jahr 1960), der Anstieg der Freizeit und die stetige Erweiterung des Jahresurlaubes von abhängig Beschäftigten, die rasante Entwicklung des Kommunikationswesens mit der Möglichkeit zur Echtzeitübertragung von Anfragen und Buchungen, ein zeitweiliges Bevölkerungswachstum, ein höheres Bildungsniveau und das Entstehen einer Tourismusindustrie, die spezifische Produkte für die spezifische Nachfrage nach Ortsveränderungen erstellt.

Eine wichtige Abgrenzung muss hinsichtlich der **Tourismusarten** und der **Tourismusformen** vorgenommen werden. Die Strukturierung von Reiseerscheinungen nach „**Tourismusarten**" beantwortet die Frage nach dem Warum (Warum wird ver- bzw. gereist?); es handelt sich somit um eine Gliederung nach den „inneren" Merkmalen, wie z. B. Reiseinhalt, Reisemotiv und Reiseziel. Die Strukturierung nach „**Tourismusformen**" beantwortet die Frage nach dem Wie (Wie wird ver- bzw. gereist?); es handelt sich somit um eine Gliederung nach den „äußeren" (formalen) Merkmalen, z. B. Reisedauer, Reisemittel, Reisezeitpunkt, Reiseorganisation (*Bütow 2006*).

Tourismusart Frage: Warum wird ver- bzw. gereist? Gliederung nach den „inneren" Merkmalen, z.B.	Tourismusform Frage: Wie wird ver- bzw. gereist? Gliederung nach den „äußeren" (formalen) Merkmalen, z.B.
Reiseinhalt, z.B. Geschäfts-, Besuchs-, Pilger-, Bildungs-/Studien-, Urlaubsreise, Bade-, Sporturlaub, Naturerlebnis, Sextourismus, Kur-/Wellness-Aufenthalt	**Reisedauer,** z.B. Ausflug, Kurzreise, Urlaubsreise, Langzeitreise
Reisemotiv, z.B. Erholung, Erlebnis, Selbstverwirklichung, Entdeckung, Arbeit, Kontemplation u.a.	**Reisezeitpunkt,** z.B. Haupt-, Vor-, Nach-, Zwischensaison, Feiertage, Jahreszeiten
Reiseziel, z.B. Fernreise oder Naherholung, Auslands- oder Inlandsreise, Incoming oder Outgoing, Berge, Land, Wasser, Städte, Kultur, Höhlen u.a.	**Reisemittel,** z.B. Bahnreise, Flugreise, Busreise, Schiffsreise, Pkw-Reise, Fahrradreise, Bootsreise u.a.
	Reiseorganisation, z.B. Pauschal- (Voll-, Teilpauschalreise) oder Individualreise
	Reiseteilnehmer, z.B. Kinder-/Jugendreise, Seniorenreise, Familienreise, Gruppenreise u.a.

Abb. 1.1   *Reisearten und Reiseformen*   *(Quelle: Bütow 2006)*

Ein anderer Abgrenzungsansatz ist der von *Freyer*, dargestellt in nachfolgender Abbildung.

Abgrenzung nach: Arten und Formen des Tourismus			
Motivation (Motiv, Bezeichnung)	**Geschäft und Gesundheit** (Geschäfts- und Kurtourismus)	**Erholung** (Urlaubs-, Erholungs-Tourismus)	**Studium, Arbeit, Auswandern** (Studien-, Auswanderungs-Tourismus, Arbeitsaufenthalte)
Dauer (Tage, Übernachtungen, Bezeichnung)	0 bis 24 Stunden, 1 bis 4 Tage, 5 bis 31 Tage (Tagestourismus, Ausflugs-, Kurzreisen)	5/6 bis 45 Tage (Erholungstourismus, Langzeitreisen)	über 1 Jahr (Daueraufenthalte)
Zielort (Entfernung, Bezeichnung)	Heimatort, nähere Umgebung (Stadttourismus, Nahtourismus)	Inland/Ausland (Inlands- u. Auslands-tourismus)	zum Arbeitsplatz, kleiner Grenzverkehr, Berufspendler
	wird nur teilweise dem Tourismus zugerechnet (touristischer Randbereich)	**wird (fast) immer unter Tourismus verstanden (touristischer Kernbereich)**	**wird nicht dem Tourismus zugerechnet**

Abb. 1.2   *Reisearten und Reiseformen*   *(Quelle: Freyer 2011)*

1.2   Wirtschaftsfaktor Tourismus

Die wirtschaftliche Bedeutung (direkte und indirekte) des Tourismus wird in Geldeinheiten (Beitrag zum Bruttoinlandsprodukt), in geschaffene Arbeitsplätze, getätigten Kapitalinvestitionen sowie die den generierten Effekten (z. B. Ausgleichs-, Devisen-, Beschäftigungseffekte) gemessen. Nach *Kaspar* sind die ökonomischen Faktoren einer positiven Tourismusentwicklung sowohl die Zunahme des verfügbaren Einkommens, eine stabile Währungslage und eine günstige Konjunktursituation. Ein Rückgang der industriellen Produktion sowie eine unstabile Währungslage und eine ungünstige Konjunktursituation würde die Tourismusentwicklung negativ beeinflussen.

1.2.1   Tourismus in Zahlen

Tourismus ist eine der weltweiten Wachstumsbranchen der Zukunft mit einem prognostizierten Wachstum von jährlich rund 2,3% nach Europa. Europa gilt mit 534,8 Mio. internationalen Ankünften im Jahr 2012 als der wichtigste Reisemarkt. Die Wachstumsprognosen für Europa werden von der UNWTO bis zum Jahr 2030 mit jährlich ca. 3,3% angegeben. Nachfolgende Tabelle zeigt die tatsächlichen Ankünfte bis 1995 und 2012 sowie die Prognosen bis zum Jahr 2030 *(DZT 2013, UNWTO 2012 (1))*.

Regionen	Ankünfte in Mio.			Jährliches Wachstum % 1995–2030	Marktanteile in %	
	1995	2012	2030		2011	2030
Europa	**336,0**	**534,8**	**744,0**	**+ 2,3**	**51,7**	**41,1**
Asien & Pazifik	85,0	232,9	535,0	+ 4,9	22,5	29,8
Amerika	110,0	162,1	248,0	+ 2,6	15,7	13,7
Afrika	20,0	52,3	134,0	+ 5,0	5,1	7,4
Mittlere Osten	14,0	52,6	149,0	+ 4,6	5,1	8,2
Welt	**565,0**	**1.035,0**	**1.809,0**	**+ 3,3**	**100,0**	**100,0**

Abb. 1.3   *Wachstumsprognosen für Europa und weltweit*   (Quelle: DZT 2013, UNWTO 2012 (1))

Die Region mit dem derzeitigen und künftigen rasantesten Wachstum ist zweifelsohne Afrika, Asien & Pazifik sowie der Mittlere Osten, nicht nur bedingt durch Neugründungen und die internationale Ausrichtung der heimischen Fluggesellschaften, sondern auch durch die weltweit ehrgeizigsten Hotelprojekte und Freizeitanlagen.
Dennoch wird Europa aufgrund seiner Ankünfte als touristische Destination Marktführer bleiben. Rund drei Viertel aller Europäer verbringen ihren Urlaub innerhalb Europas. Ein tendenzieller Zuwachs der Reisen in die osteuropäischen Regionen/Län-

der ist zu erwarten. Die am 01. Mai 2004 der Europäischen Union beigetretenen osteuropäischen Staaten haben einen Anteil von fast 80% des gesamten osteuropäischen
Reisevolumens und sind zusammen mit Russland ausgesprochen wichtige Quellmärkte der Zukunft. Experten prognostizieren eine Absenkung des europäischen Marktan-
teils an internationalen Ankünften von 51,2% (Stand: 2011) auf 41,1% (Stand: 2030),
der Anteil an ankommenden Reisenden nach Europa wird jedoch steigen. Die WTO
schätzt für das Jahr 2030 ca. 744 Mio. Touristenankünfte in Europa *(DZT 2012)*.

Wie verreisen die Europäer wenn Sie Deutschland besuchen? „Luft" und „Straße"
sind die dominierenden Kategorien bei Reisen nach Deutschland. Die nachfolgende
Abbildung zeigt die Verteilung aller Reisen der Europäer nach der Wahl der Transportart im Jahr 2012 *(DZT/WTM 2013)*.

Transportart	Anteil (in Prozent)	Veränderung zum Vorjahr (in Prozent)
PKW	50	+1
Flugzeug	30	±0
Bus	8	±0
Bahn	8	+1
Sonstige	6	±0

Abb. 1.4   *Verteilung internationaler Reisen der Europäer nach Transportart 2012*
(Quelle: DZT /WTM 2013 (5))

Deutschland als Reiseland *(DZT 2012)* wird aufgrund seines natürlichen und abgeleiteten Angebotes, aber auch Dank der Bemühungen der Deutschen Zentrale für Tourismus eine immer wichtigere Destination für Gäste aus Europa und Übersee. Die
nachfolgende Abbildung weist für das Jahr 2012 folgende wichtige Kennzahlen für
Deutschland aus:

Wirtschaftliche Bedeutung des Tourismus für D. 2012	
Touristische Konsumausgaben gesamt	278,3 Mrd. €
von inländischen Touristen	241,7 Mrd. €
von ausländischen Touristen	36,6 Mrd. €
Bruttowertschöpfung gesamt (direkt, indirekt, induziert)	214,4 Mrd. €
Anteil an der Bruttowertschöpfung gesamt	9,7 %
davon: Bruttowertschöpfung (direkte Effekte)	97,0 Mrd. €
Anteil an Bruttowertschöpfung gesamt	4,4 %
Beschäftigungseffekte gesamt (direkt, indirekt, induziert)	4,9 Mio. Personen
Anteil an allen Erwerbstätigen in Deutschland	12 %
davon: direkte Beschäftigungseffekte	2,9 Mio. Personen
Anteil an allen Erwerbstätigen in Deutschland	7,0 %
Internationale Ankünfte 2011 (in Tsd. – Incoming)	**30,4**
Ankünfte per 100 Einwohner	37
Deutschland Tourismus 2011	
Übernachtungen aus dem Inland (in Tsd.)	338.432
Wachstum Inland	+2,7%
Übernachtungen aus dem Ausland (in Tsd.)	68.828
Wachstum Ausland	+8,1%
Übernachtungen insgesamt (in Tsd.)	407.260
Wachstum insgesamt	+3,6%
Konsumausgaben durch Übernachtungsgäste in D.	115,4 Mrd. €
davon Hotel/Pension	
Übernachtungen aus dem Inland (in Tsd.)	194.562
Übernachtungen aus dem Ausland (in Tsd.)	55.539
Übernachtungen insgesamt (in Tsd.)	250.091
Anzahl Hotelbetten (Stand Juli 2011)	1.750.755
Auslastung der Hotelzimmer (2010: 63,4%)	66,3%
Outgoing Tourismus 2011	
Reisen der Deutschen (in Tsd.)	329.000
davon ins Ausland (in Tsd.)	73.000
Urlaubsauslandsreisen per 100 Einwohner	64
Incoming aus Europa 2011	
Deutschlandreisen der Europäer (in Tsd.)	46.200
Ausgaben für die Deutschlandreise pro Reise/pro Person und pro Nacht/Person	505€/83 €
Aufenthaltsdauer in Deutschland (Durchschnitt in Nächte)	6,3
Tourismusbilanz 2011	
Reiseausgaben	63,8 Mrd. €
Reiseeinnahmen	29,4 Mrd. €
Saldo Internationale Tourismusbilanz	**–34,4 Mrd. €**

Abb. 1.5   *Wichtige Kennzahlen zum Deutschlandtourismus 2013*
(Quelle: Statistisches Bundesamt 2013(4), DZT 2013 (6))

Obwohl die Europäer die wichtigste Touristengruppe in Deutschland bilden, steigt der Anteil der außereuropäischen Quellregionen kontinuierlich. Dies zeigt die Verteilung der Übernachtungen nach der Herkunft im Jahr 2011und 2012 in Deutschland in nachfolgender Abbildung.

Kontinent (Quellregion)	Anteil der Übernachtung in Deutschland(in %)
Europa	76
Amerika	10
Asien	10
Sonstige	2
Australien, Neuseeland und Ozeanien	1
Afrika	1

Abb. 1.6   *Verteilung der Übernachtungen nach Kontinenten in Deutschland in den Jahren 2011 und 2012*
(Quelle: Statistisches Bundesamt 2013 (4), DZT 2012, 2013)

Die wichtigsten Leistungsträger der Tourismusindustrie in Deutschland stellt das Gastgewerbe dar. Die nachfolgende Tabelle zeigt die Kapazitäten der Beherbergungsindustrie in Deutschland aus dem Jahr 2011 auf.

Betriebsart	Beherbergungskapazität	
	Anzahl der Betriebe	Anteil in %
Klassisches Beherbergungsgewerbe/ Hotellerie, davon:	**34.578**	**64,9**
Hotels	13.384	25,1
Hotel Garni	7.681	14,4
Gasthöfe	8.158	15,3
Pensionen	5.355	10,1
Ergänzendes Beherbergungsgewerbe und Parahotellerie, davon:	**18.668**	**35,1**
Erholungs-, Ferien- und Schulungsheime	2.640	5,0
Ferienzentren	118	0,2
Ferienhäuser und -wohnungen	10.260	19.3
Hütten, Jugendherbergen	1.920	3,6
Vorsorge und Reha-Kliniken	896	1,7
Campingplätze	2.834	5,3
Alle Betriebe	**53.246**	**100,0**

Abb. 1.7   *Kapazitäten nach Betrieben in Deutschland 2012*
(Quelle: DZT 2012, Statistisches Bundesamt 2012(4), DZT 2013)

Die Verteilung der nachgefragten Beherbergungsformen durch ausländische Besucher stellt nachfolgende Abbildung dar.

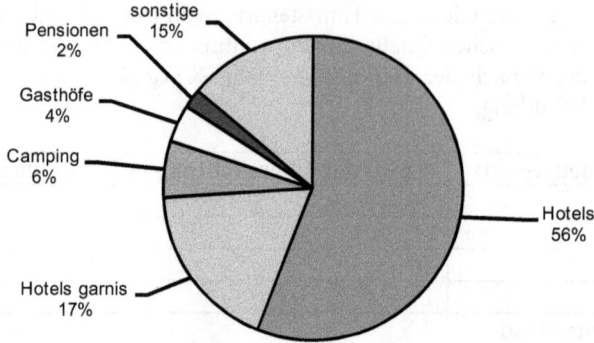

Abb. 1.8   *Übernachtungen von Ausländern nach Unterkunftsform 2011 in Deutschland*
(Quelle: DZT 2012)

Die Übernachtungen der ausländischen Gäste verteilen sich, wie die Abbildung 1.9 zeigt, auf die 16 Bundesländer und Stadtstaaten. Dabei finden mehr als 50% der Ausländerübernachtungen in Städten mit über 100.000 Einwohnern statt. Dabei erlangen die wichtigsten 11 Städte einen Marktanteil von ca. 42%; an erster Stelle steht Berlin mit ca. 10,6 Mio. Übernachtungen, gefolgt von München (ca. 5,9 Mio.), Frankfurt a. M. (3,2 Mio.), gefolgt von den Städten Hamburg, Köln, Düsseldorf, Stuttgart, Nürnberg, Dresden, Hannover und Leipzig *(Statistisches Bundesamt 2013 (11), DZT 2013 (6))*.

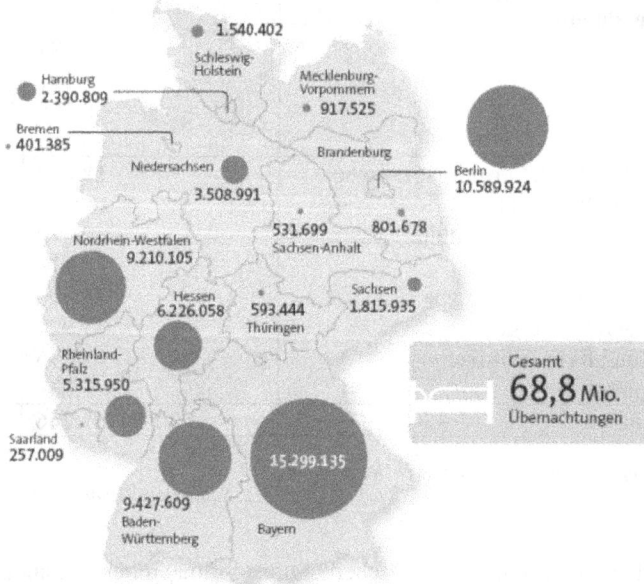

Abb. 1.9   *Ausländerübernachtungen 2012 in Deutschland nach Bundesländern*
(Quelle: Statistisches Bundesamt 2013 (4), DZT 2013)

Deutschland hat eine Vielzahl von Quellmärkten. Die wichtigsten sind in nachfolgender Abbildung dargestellt.

Die Niederlande Quellmarkt Nr. 1 für Deutschland,
Schweiz weiterhin auf Platz 2

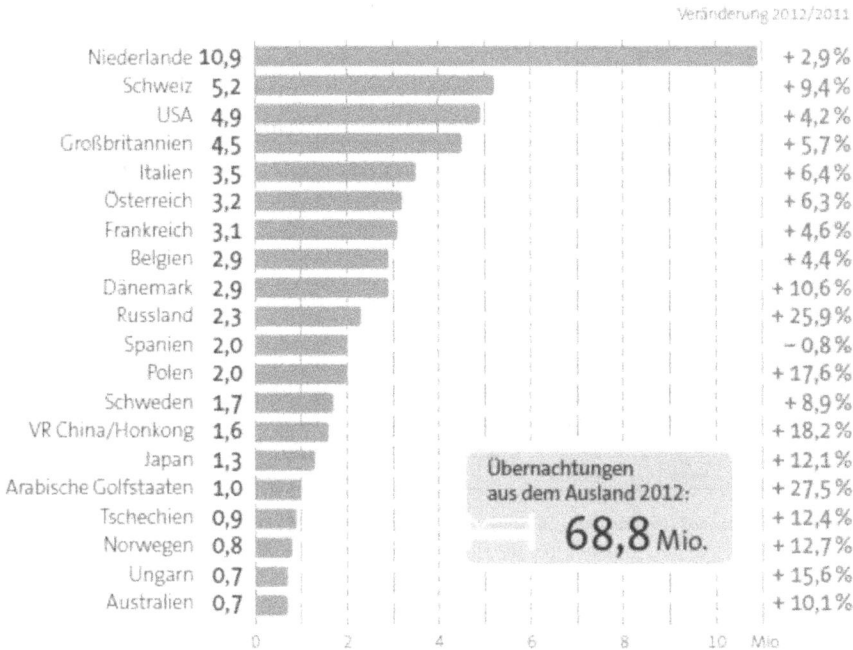

Veränderung 2012/2011

		Veränderung 2012/2011
Niederlande	10,9	+ 2,9 %
Schweiz	5,2	+ 9,4 %
USA	4,9	+ 4,2 %
Großbritannien	4,5	+ 5,7 %
Italien	3,5	+ 6,4 %
Österreich	3,2	+ 6,3 %
Frankreich	3,1	+ 4,6 %
Belgien	2,9	+ 4,4 %
Dänemark	2,9	+ 10,6 %
Russland	2,3	+ 25,9 %
Spanien	2,0	– 0,8 %
Polen	2,0	+ 17,6 %
Schweden	1,7	+ 8,9 %
VR China/Honkong	1,6	+ 18,2 %
Japan	1,3	+ 12,1 %
Arabische Golfstaaten	1,0	+ 27,5 %
Tschechien	0,9	+ 12,4 %
Norwegen	0,8	+ 12,7 %
Ungarn	0,7	+ 15,6 %
Australien	0,7	+ 10,1 %

Übernachtungen
aus dem Ausland 2012:
68,8 Mio.

Abb. 1.10   *Top 20-Quellmärkte für Deutschland nach Übernachtungen 2012*
(Quelle: Statistisches Bundesamt 2013 (4), DZT 2013)

Mit insgesamt 33,0 Mio. Übernachtungen im Jahr 2012 haben die Quellmärkte Nord- und Süd-Westeuropa einen Anteil von fast 50% an allen Ausländerübernachtungen in Deutschland. Die Quellmärkte Nordosteuropa/Russland halten mit 10,6 Mio. Übernachtungen 2012 einen Anteil von 15% an allen Auslandsübernachtungen in Deutschland. Mit insgesamt rund 6,7 Mio. Übernachtungen 2012 haben die Quellmärkte in Südosteuropa einen Anteil von rund 10,0% an allen Ausländerübernachtungen in Deutschland. Mit rund 7,5 Mio. Übernachtungen 2012 haben die Quellmärkte in Amerika und Israel einen Anteil von 11% an allen Ausländerübernachtungen in Deutschland. Mit rund 6,2 Mio. Übernachtungen im Jahr 2012 haben die Quellmärkte in Asien, Afrika und Australien einen Anteil von rund 9% an allen Ausländerübernachtungen in Deutschland *(Statistisches Bundesamt 2013 (4), DZT 2013)*.

Die USA sind mit 4,9 Mio. Übernachtungen 2012 der wichtigste Überseemarkt. Bei den Hauptreisezielen der US-Amerikaner steht Deutschland nach Großbritannien, Italien und Frankreich mit 1,7 Mio. Reisen (von 12,8 Mio. Reisen der US-Bürger

nach Europa) an vierter Stelle. Der dominierende Imageaspekt Deutschlands bei US-
Amerikanern sind die interessante Kultur und die Sehenswürdigkeiten *(WTM/DZT
2012 (5))*.

Deutschland hat auch überproportionale Anteile im internationalen Geschäftsreise-
markt und generiert eine steigende Nachfrage im Freizeitbereich.

Reisezweck	Europa 2012 in Mio.	Deutschland 2012 in Mio.	Europa 2012 Anteil in %	Deutschland 2012 Anteil in %
Urlaubsreisen	300,5	24,6	71,4	53,2
Kurzurlaub 1 bis 3 Nächte	73,4	12,0	17,4	26,0
Langurlaub 4+ Nächte	226,9	12,6	53,9	27,3
Verwandten- und Bekanntenbesuche (VFR)	27,9	4,4	6,6	9,5
Sonstige Reisen	30,0	4,4	7.1	9,5
Geschäftsreisen	62,5	12,8	14,9	27,7
Alle Reisen	**420,7**	**46,2**	**100,0**	**100,0**

Abb. 1.11   *Reisezweck der Europäer bei Reisen ins Ausland und nach Deutschland 2012*
(Quelle: DZT/WTM 2013)

Die Wachstumsprognose der DZT bis 2020 besagt, dass mit erfolgreichem Marketing
Deutschland bis zum Jahr 2020 ca. 70 bis 80 Mio. Übernachtungen aus dem Ausland
erzielen kann. China mit Hongkong wird neben Japan, Indien und den Arabischen
Golfstaaten für Deutschland mittelfristig die wichtigsten Quellmärkte sein. Russland,
China und die Schweiz werden weiterhin zu den umsatzstärksten Quellmärkten beim
Tax-Free Einkauf in Deutschland gehören *(Statistisches Bundesamt 2012 (4), DZT
2012, Global Blue 2012 (12))*.

Von weltweit 50 Nationen rangiert im Jahr 2012 der touristische Standort Deutschland nachfrageseitig auf Platz 2 (nachhaltiger Erfolg seit der WM 2006). Der Tourismus gilt als einer von sechs wichtigen Standortfaktoren für das Image von Nationen.
Nachfolgende Abbildung zeigt die Stellung Deutschlands bei den sechs wichtigsten
Standortfaktoren und deren Rang weltweit.

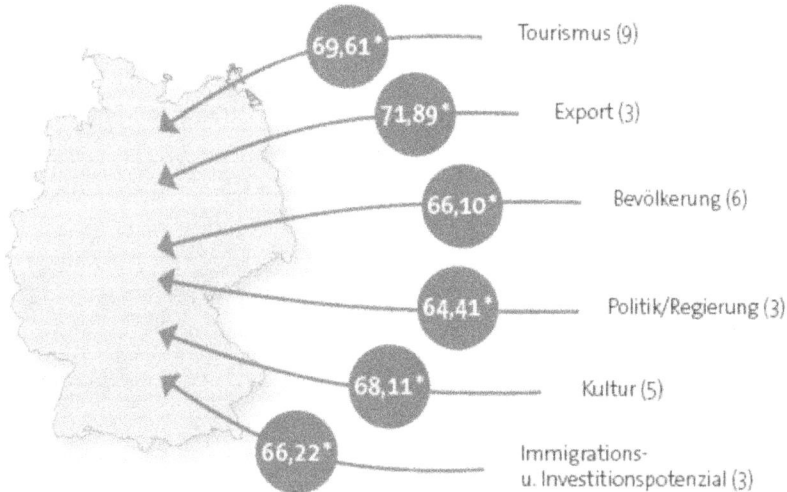

Tourismus (9)

Export (3)

Bevölkerung (6)

Politik/Regierung (3)

Kultur (5)

Immigrations-
u. Investitionspotenzial (3)

* Max. 100 Punkte; Rang weltweit in Klammern

Abb. 1.12   *Deutschland weltweit auf Platz 2*
(Quelle: Anholt GfK Roper Nation-Brands-Index 2012 (7), DZT 2012)

1.2.2   Ökonomische Effekte

Die volkswirtschaftliche Bedeutung des Tourismus kann man an dem Anteil am BIP einer Nation und am Anteil der Erwerbstätigen im Tourismus ersehen. In Deutschland ist fast jeder 14., in Österreich jeder siebte, Erwerbstätige im Tourismus beschäftigt (*OECD 2010*). Tourismus gehört zum Dienstleistungssektor (tertiärer Sektor) in einer Volkswirtschaft und leistet einen Beitrag zum Sozialprodukt und zur Wertschöpfung, zur Beschäftigung und zum Einkommen. Darüber hinaus ist der Tourismus Anschubfaktor und Katalysator für andere Wirtschaftszweige (z. B. Handel, Gewerbe, Verkehr), er fördert die Entwicklung strukturschwacher Regionen und den kulturellen Austausches zwischen Nationen und Ethnien. Tourismus gilt als „unsichtbarer" Export des Ziellandes und als Import für das Entsendeland. Ein Beispiel: ein Urlaubsland „exportiert" Sonne, Strand, Meer, exotische Küche, das Entsendeland importiert diese „Güter"; jedoch muss der Reisende sich in das Zielland begeben, um das importierte „Produkt" zu erfahren.

Der ökonomische Beitrag der Tourismuswirtschaft lässt sich in direkte und indirekte Effekte aufteilen. Die direkten Effekte der Tourismuswirtschaft (tourismus-typischer Bereich) zeigen die engeren ökonomischen Wirkungen auf, insbesondere Güter und Dienstleistungen, die direkt für den Besucher erstellt werden, z. B. Beherbergung, Beförderung (angebotseitige Betrachtung). Die indirekten Effekte zeigen der Tourismuswirtschaft (Tourismusindustrie im weitesten Sinne) den weitgehenden Einfluss der touristischen Nachfrage auf andere Bereiche der Volkswirtschaft, also alle Auswirkungen, die die touristische Nachfrage auf die jeweilige lokale oder nationale

Volkswirtschaft hat (nachfrageseitige Betrachtung). Nachfolgende Abbildung zeigt
die direkten und indirekten Effekte des Tourismus im Jahr 2010.

Rang	Land	Direkte und indirekten Effekte in Mrd. USD
1	USA	1.375,9
2	China	499,9
3	Japan	459,3
4	Frankreich	284,6
5	Deutschland	273,4
6	Spanien	237,9
7	UK	231,1
8	Italien	217,1
9	Kanada	136,1
10	Australien	123,1

Abb. 1.13   Beitrag der Tourismuswirtschaft – direkte und indirekte Effekte 2010
(Quelle: TSA/WTTC 2010 (2) in DZT 2010)

Die Tourismuswirtschaft trägt auch positiv zur Beschäftigungssituation und zu Kapitalinvestitionen bei, wie in nachfolgender Tabelle dargestellt. Neuere Daten waren bei
Drucklegung leider nicht verfügbar.

touristische Nachfrage (in Mrd. USD)			Kapitalinvestitionen (KI) (in Mrd. USD)		
Rang	Land	Nachfrage	Rang	Land	KI
1	USA	1.640,3	1	USA	262,3
2	Japan	556,1	2	China	165,4
3	China	526,6	3	Japan	65,2
4	**Deutschland**	**438,4**	4	Spanien	60,0
5	Frankreich	378,1	5	Italien	39,3
6	Spanien	310,0	6	Frankreich	38,3
7	UK	307,2	7	Russland	36,5
8	Italien	281,0	**8**	**Deutschland**	**32,8**
9	Kanada	176,8	9	UK	31,0
10	Mexiko	158,2	10	Australien	30,9

Abb. 1.14 Touristische Nachfrage und Kapitalinvestitionen in der Tourismuswirtschaft 2008 (nach Länder)
(Quelle: TSA/WTTC 2009 in DZT 2009)

Alle touristischen Aktivitäten werden in Deutschland über die Reiseverkehrsbilanz
abgeschlossen. Diese ist traditionell negativ, also nicht ausgeglichen, d. h. der Anteil
der Geldströme, die ins Ausland fließen, bedingt durch die Reiseaktivitäten der Deutschen, ist größer als die Geldströme, die durch ausländische Besucher nach Deutschland fließen. Dies ist volkswirtschaftlich gesehen insofern nicht problematisch, als das
Ausland somit Einnahmen erzielt, mit denen wiederum Investitionsgüter aus Deutschland bestellt und bezahlt werden können. Durch den Tourismus werden eine Reihe

von Effekten generiert, z. B. Brutto-/Nettodeviseneffekte, Beschäftigungseffekte, Einkommenseffekte und Ausgleichseffekte.

Brutto-/Nettodeviseneffekte: Der Bruttodeviseneffekt (gesamte Einnahmen einer Volkswirtschaft durch den Tourismus) abzüglich der sog. „Sickerrate" ergibt den Nettodeviseneffekt. Die Sickerrate ergibt sich aus der Differenz von den Brutto- und Nettodeviseneffekten. **Bruttodeviseneffekt ./. Sickerrate = Nettodeviseneffekt.**
Die **Sickerrate** ist der Anteil der touristischen Deviseneinnahmen, der zur Bezahlung importierter Vorleistungen wieder ins Ausland fließt. Die Determinanten der Sickerrate können u. a. der Entwicklungsstand der Volkswirtschaft, die Phase der touristischen Entwicklung und Art des Tourismus einer Nation sein. Zu den typischen Vorleistungen mit Devisenabfluss gehören u. a. der Infrastrukturaufbau, die benötigte und importierte Verpflegung für Touristen, benötigte ausländische Experten für den Aufbau einer Tourismusindustrie, Ausbildung von Mitarbeitern im Ausland, Vermarktung und Marketing im Ausland sowie Zins-, Tilgungsleistungen für ausländisches Kapital, welches für den Aufbau der Tourismuswirtschaft benötigt wird.

Beschäftigungseffekte: Beschäftigungseffekte lassen sich in **direkte** Beschäftigungseffekte (bei Betrieben des Tourismussektors i. e. S.), **indirekte** Beschäftigungseffekte (bei vorgelagerten Zulieferbetrieben), **induzierte** Beschäftigungseffekte (durch die tourismus-induzierte Einkommensausweitung – Einkommensmultiplikatoren) und **katalysierte** Beschäftigungseffekte (Beschäftigung in nicht den tourismusverwandten Industrien, die sich aufgrund des Tourismus in einer Region ansiedeln) unterteilen (*Eisenstein 2000*). Grundsätzlich ergibt sich bei den Beschäftigungseffekten eine Problematik der Quantifizierung und Qualifizierung.

Quantifizierungsproblematiken der Beschäftigung	Qualifizierungsproblematiken der Beschäftigung
• Probleme bei der Ermittlung der Anteile von „rein" touristischen Arbeitsplätzen speziell in der Gastronomie • Probleme bei der Ermittlung der saisonalen Arbeitsplätze • Probleme bei der Feststellung der indirekten und induzierten sowie katalysierten Arbeitsplätze	• geringes Anspruchsniveau und niedriges Anforderungsprofil • geringes Sozialprestige und viele Saisonarbeitsplätze • geringes Lohnniveau und ungünstige Arbeitszeiten

Abb. 1.15   *Quantifizierungs- und Qualifizierungsproblematik der Beschäftigung im Tourismus*
(Quelle: in Anlehnung an Eisenstein 2000)

Einkommenseffekte: Hier können ebenfalls primäre (direkte) Einkommenseffekte und sekundäre (indirekte) Einkommenseffekte abgegrenzt werden. Primäre Einkommenseffekte der ersten Stufe sind Arbeitslöhne, Einkommen durch Verkauf von touristischen Gütern und Dienstleistungen sowie Steuern für Tourismusleistungen.

Weitere Umsatzstufen durch Ausgabe der Einkommen sind die sekundären Einkommenseffekte (analog zu Beschäftigungseffekte). Eine wichtige Rolle spielt der touristische Einkommensmultiplikator. Dieser gibt an, um wie viel die durch die touristischen Ausgaben bewirkte Einkommensvermehrung größer ist als die Ausgabe selbst. Die Problematik des Einkommensmultiplikators besteht darin, dass häufig zahlenmäßige Angaben zum Multiplikator gemacht werden, ohne jedoch die Berechnungsgröße, die riesige Schwankungsbreite bei der Quantifizierung sowie das Fehlen einer einheitlich gültigen Berechnungsmethode zu nennen. Häufig wird der Einkommensmultiplikator als Propagandainstrument missbraucht. Die Determinanten der Einkommens- und Multiplikatoreneffekte sind (*Eisenstein 2000*): wirtschaftliche Strukturen (z. B. Entwicklungsstand), Konsumneigung und die Sparquote sowie das Vorhandensein von Produktionsreserven.

Ausgleichseffekte: Zu den wichtigsten Ausgleichseffekten des Tourismus gehört der Abbau regionaler Disparitäten. Von *Häussler* ist nachfolgendes Zitat überliefert: „Wenn Ziel aller Volkswirtschaftspolitik Steigerung der Produktionsfähigkeit zwecks Hebung der gesamten Volkswohlfahrt ist, so trägt der Fremdenverkehr nicht unwesentlich hierzu bei, indem er erweiterte Basis für wirtschaftliche Betätigung gerade in Gegenden schafft, die sonst mehr oder weniger wirtschaftlich darniederliegen würden."

Was sind Ausgleichseffekte? Tourismus hat eine ausgeprägte Tendenz des Vordringens in periphere Räume. Oftmals besteht ein Zusammenhang zwischen der wirtschaftlichen Unterentwicklung und touristischen Attraktivität (industrieller Standortnachteil wird zum touristischen USP). Tourismus wird als Instrument der Regionalpolitik zum Abbau regionaler Disparitäten und zur Herstellung gleichwertiger Lebensverhältnisse genutzt. Ausgleichseffekte sind ein Konglomerat von wirtschaftlichen Effekten, transformiert auf die regionale Dimension (mit Ausnahme der Deviseneffekte). Tourismus sorgt für eine Einkommensumverteilung mit Beschäftigungs- und Wertschöpfungseffekten von industriellen Bevölkerungsagglomerationen in wirtschaftlich schlechter gestellten Gebieten, denn häufig besteht eine Inkompatibilität von industrieller und tourismuswirtschaftlicher Nutzung (Monoindustrie). Auch sorgt Tourismus für eine Verbesserung der regionalen Wirtschaftsstruktur, verhindert die Landflucht, aktiviert die Regionalwirtschaft, verbessert die Versorgungssituation und sorgt für eine Verbesserung der allgemeinen Infrastruktur (z. B. Energie, Verkehr, Telekommunikation).

Die Dimensionen der Ausgleichseffekte können in intraregionale (z. B. Hamburg/Lüneburger Heide), interregionale (z. B. Hamburg/LK Dithmarschen), internationale (z. B. Deutschland/Spanien) und in interkontinentale (globale) Ausgleichseffekte (z. B. Deutschland/Namibia) (*Eisenstein 2000*) unterteilt werden. Ausgleichseffekte können sich positiv oder negativ auf die Region auswirken.

positive Auswirkungen	• Verbesserung der Lebensqualität durch Tourismus • Verbesserung der Infrastruktur (z. B. Wellenbäder, Wellness-Einrichtungen, Boutiquen, Bars, Konzerte, Museen und Veranstaltungen) • Erhöhung des Bekanntheitsgrades und Verbesserung des Images des Ortes
negative Auswirkungen	• Trend zur Inszenierung (Lage und natürliche Landschaft verlieren an Bedeutung – entscheidend ist die Frage wo inszeniert wird) • Belastung durch Events/Megatrends (meist in Ballungszentren, Sport) • Städtetourismus (Run auf Agglomerationen, Urban Entertainment Center) • Geschäftsreiseverkehr (Kongress- und Tagungstourismus in Agglomerationen) • Industrietourismus • Knappheits- und Preissteigerungseffekte • Arbeitskraftabzugseffekte (besonders in Entwicklungsländern, aber auch in den Alpen und im ländlichen Raum) • Saisonalitätsproblem (totes Kapital – Auslastungsprobleme, Auslastung p.a. im Durchschnitt bei 35%) • Investitionssubstitutionseffekt (Verschleuderung knapper Fördermittel für die Finanzierung der Infrastruktur)

Abb. 1.16 *Positive und negative Auswirkungen der Ausgleichseffekte*

Freyer sieht in den Knappheits- und Preissteigerungseffekten, die durch den Tourismus ausgelöst werden, auch noch folgende Problematiken:

- Mangelnde Ressourcen- bzw. Produktionsreserven führen zu höheren Preisen (Import von Wasser und Lebensmitteln).
- Aufgrund der gestiegenen, tourismusinduzierten Nachfrage kommt es z. B. zu Grundstückpreissteigerungen, insbesondere in nur begrenzt nutzbaren Flächen (z. B. Alpentäler, Inseln).
- Eine erhöhte Ausgabefreudigkeit der Touristen kann zu einem höheren Preisniveau in der Destination bzw. im Zielgebiet führen.
- Auch eine Verschlechterung der Kaufkraftsituation für Bewohner bei Produkten, die sowohl von Bewohnern als auch von Touristen nachgefragt werden (z. B. Lebensmittel, Genussmittel, Gastronomie, Freizeiteinrichtungen – genau detaillierte wissenschaftliche Ergebnisse liegen (noch) nicht vor), kann ausgelöst werden.

Weitere negative Effekte können gesellschaftliche, soziale und politische Effekte (z. B. Akkulturation, Kriminalität) sowie außenwirtschaftliche Abhängigkeitsverhältnisse sein. Dies können im Einzelnen eine schädigende Abhängigkeit von einem Quellland, konjunkturelle Schwankungen und Modetrends (z. B. USA/Mexiko), Abhängigkeiten von ausländischen Unternehmen und/oder Kapitalgebern, ein Preisdiktat

z. B. durch einen Reiseveranstalter oder der Verlust der Kontrolle über einen Absatz-
markt z. B. durch ausländische CRS/GDS (z. B. Neckermann in Österreich) sein.

Bereich	Folgeerträge/Nutzen	Folgekosten/Schäden
Devisen	Deviseneinnahmen durch touristische Dienstleistungen	Ausgaben für Infrastruktur und ausländisches Personal
Einkommen und Beschäftigung	neugeschaffene Arbeitsplätze	Strukturveränderungen, Investitionssubstitution, Arbeitskraftabzugseffekte und Arbeitsplatzvernichtung in traditionellen Bereichen, ausländisches Personal, Anstieg der Preise für Ressourcen
Wachstum und Wertschöpfung	Infrastrukturausbau, höheres Bildungsniveau, Multiplikatorenwirkung, Erschließung neuer Märkte für einheimische Produkte	Kosten für Unterhalt und Infrastruktur, Importkosten, sektorale Verschiebung (Strukturveränderung)
Abhängigkeiten	weniger internationale Abhängigkeiten durch höhere diversifizierte Produktion, Erschließung neuer Märkte für einheimische Produkte	Abhängigkeiten von ausländischem Kapital und Konjunktur, Krisenanfälligkeit des Tourismussektors

Abb. 1.17   *Übersicht der Ausgleichseffekte*
(Quelle: in Anlehnung an Bieger 1997, Eisenstein 1995, Freyer 1998)

1.2.3   Kennzahlen im Tourismus

Um die Bedeutung des Tourismus zu messen und zu bewerten, bedient man sich
unterschiedlicher Kennwerte bzw. Kennzahlen. Hierbei kann es sich um absolute oder
relative Werte/Kennzahlen handeln.

absolute Werte/Kennzahlen	relative Werte/Kennzahlen
• Kapazität eines Leistungsträgers, z. B. Anzahl der Betten	• durchschnittliche Auslastungen, z. B. der Leistungsträger
• Anzahl der Ankünfte	• durchschnittlicher Aufenthalt
• Anzahl der Übernachtungen	• durchschnittliche Reiseausgaben
• Aufenthaltsdauer	• Reiseintensität (RI)
• Reisedauer in Tagen	• Reisehäufigkeit (RH)
• Reiseausgabe in Euro	• Fremdenverkehrsintensität (FI)
• u. a.	

Abb. 1.18   *Absolute und relative Kennzahlen im Tourismus*

Relative Werte/Kennzahlen haben gegenüber den absoluten Werten/Kennzahlen eine höhere Aussagekraft, da Werte in Bezug zueinander gesetzt werden bzw. sie sich auf eine einheitliche Größe oder auf sich selbst (Veränderungen von Zeitpunkt zu Zeitpunkt) beziehen und damit direkt vergleichbar sind. Nachfolgend wird lediglich auf eine Auswahl relativer Kennzahlen eingegangen.

▓ Reiseintensität (RI)

Die Reiseintensität gibt den Anteil an der Gesamtbevölkerung an, die über 14 Jahre alt ist und innerhalb eines Jahres eine oder mehrere Urlaubsreisen von mindestens vier Übernachtungen/fünf Tage Dauer unternommen hat. Dies entspricht der Nettoreiseintensität. Das Verfahren, dass die Gesamtbevölkerung (ohne Abzug der unter 14-Jährigen) misst, entspricht der Bruttoreiseintensität. Die Reiseintensität wird häufig zur Charakterisierung des Reiseverhaltens verwendet. Die RI gilt als globaler Indikator, da keine Aussagen über Reiseziel und Reiseart getroffen wird. Differenzierte Analysen der RI zeigen, dass sie mit der Höhe des Einkommens, dem Bildungsgrad, der beruflichen Stellung, der Wohnortgröße steigt und in Abhängigkeit des Alters fällt. Bezieher niedriger Einkommen weisen eine geringere RI auf und ein vermehrtes Verreisen im Inland.

Die RI ist eine sich ständig ändernde Größe. Sie zeigt das allgemeine Reiseverhalten der Bundesbürger auf und wird z. B. durch die Kaufkraft, Konjunktur, wirtschaftlichen Rahmenbedingungen und Arbeitslosigkeit beeinflusst. Im Zeitraum von 1990 bis 2011 entsprach die durchschnittliche Reiseintensität einem Wert von ca. 68 bis 76 %, was einem Volumen von ca. 69,5 Mio. Urlaubsreisenden entsprach (*F.U.R. 2012*).

Problematisch wird die Betrachtung des Reisevolumens bei Kurzreisen, Ausflügen und Langzeitreisen als Reisen von einer Dauer von mehr als vier Wochen.

- ▓ **RI für Kurzreisen**: also der Anteil der Gesamtbevölkerung, der über 14 Jahre alt ist, die innerhalb eines Jahres eine oder mehrere Kurzreisen von bis zu fünf Tagen Dauer/vier Übernachtungen unternommen haben. Die RI für Kurzreisen ist i. d. R. geringfügig höher als die RI für Urlaubsreisen, da erfahrungsgemäß mehr Menschen eine Kurzreise unternehmen.
- ▓ **RI für Ausflugsverkehr**: also der Anteil der Gesamtbevölkerung, der über 14 Jahre alt, die innerhalb eines Jahres eine oder mehrere Ausflüge (Aufenthalt von max. 24 Stunden und ohne Übernachtung im Zielgebiet) unternommen haben. Die RI für Ausflüge kann nicht genau ermittelt werden, da viele Ausflügler statistisch nicht erfasst werden, da sie keine Leistungsträger und wirtschaftliche Dienste (z. B. Reisemittler, Besuch von gastronomischen Einrichtungen, Bootsfahrten) in Anspruch nehmen.
- ▓ **RI für Langzeitreisen**: diese Werte sind bereits in der RI für Urlaubsreisen erfasst. Es wäre jedoch sinnvoll, hier eine eigene Kennzahl für Reisende mit einem Aufenthalt von mehr als vier Wochen zu definieren, denn die Langzeiturlauber verfälschen das Bild und die Aussagekraft der RI für Urlaubsreisen.

▪ Reisehäufigkeit (RH)

Mit der Reisehäufigkeit wird erfasst, wie häufig jemand eine Urlaubsreise von mindestens fünf Tagen/vier Übernachtungen unternommen hat. Im Zeitraum von 1990 bis 2012 lag der Wert dieser Kennzahl bei durchschnittlich 1,3 Reisen pro Jahr. Das entsprach im Zeitraum einem Volumen von durchschnittlich ca. 65 Mio. Reisen. Analog zur Reisehäufigkeit für Urlaubsreisen ist die Erfassung der Reisehäufigkeit für Kurzreisen, Ausflüge und Langzeitreisen sinnvoll, wobei auch hier nicht ganz unproblematisch *(Deutscher Reiseverband 2013)*.

▪ Fremdenverkehrsintensität (FI)

Während mit der Reiseintensität und der Reisehäufigkeit die Potenziale der Nachfrage gemessen werden, wird mit der Fremdenverkehrsintensität (FI) die Belastung und der Grad der Überfremdung der Feriengebiete und Orte durch Touristen gemessen. Die FI (Gesamt) errechnet sich:

FI = (Anzahl der Übernachtungen + Anzahl Tagesbesucher) ÷ Einwohner · 100

Bei der Berechnung der Fremdenverkehrsintensität können folgende Varianten unterschieden werden:

Übernachtungsintensität: Diese Zahl drückt die Zahl der Fremdenübernachtungen je 100 Personen der Bevölkerung aus. Die Übernachtungsintensität kann weiterhin nach Urlaubs- und Geschäftsaufenthalten differenziert werden.

Übernachtungsintensität = Anzahl der Übernachtungen ÷ Einwohner · 100

Tagesbesucherintensität: Dieser Wert drückt den Anteil der Tagesbesucher (Ausflugsreisende) aus. Auch die Tagesbesucherintensität ist in eine Ausflugs- und Geschäftsreiseintensität unterteilbar.

Tagesbesucherintensität = Anzahl der Tagesbesucher ÷ Einwohner · 100

Beispielrechnung
Ein Kurort mit 5.000 Einwohnern, 150.000 Tagesbesuchern und 100.000 Übernachtungen weist eine FI (Übernachtungsintensität) von 2.000 und eine FI (Übernachtungen und Tagesgäste) von 5.000 auf.

▪ Bewertung der Intensitätsmethode

Eine Fremdenverkehrsintensität (FI) im Sinne der Übernachtungsintensität (ÜI) von 500 entspricht einem Beitrag zum Volkseinkommen von 1% (bei einer FI/ÜI von 2.000 entspricht das ca. 4%).
Probleme der Intensitätsmethode sind: Die FI ist eine reine Schätzmethode, die allerdings i. d. R. zu einer Unterschätzung der wirtschaftlichen Wertschöpfung führt, da keine Tagesausflugsgäste erfasst werden. Sie nimmt ferner Bezug auf die amtliche Statistik, die i. d. R. als wenig aussagekräftig gilt. Grundsätzlich ist im Umgang mit

Kennzahlen Vorsicht angebracht. Dies liegt u. a. an der „falschen" Methode der Erhebung, der Aktualität des Zahlenmaterials, der Repräsentativität und der kritischen Größe der Stichprobe sowie der Gültigkeit der Daten.

Am Beispiel der nachfrage- und angebotseitigen Umsatzmethode sollen die Probleme aufgezeigt werden. Die Probleme der **angebotseitigen Umsatzmethode** bestehen in der Trennung der Einnahmen und Ausgaben von ortsansässigen und ortsfremden Personen (z. B. Gastronomie). Ferner werden die Umsätze im Tourismus nicht explizit in der volkswirtschaftlichen Gesamtrechnung (fehlende Abgrenzung des Tourismussektors) ausgewiesen. Darüber hinaus wird ein nicht unerheblicher Teil der touristischen Umsätze nicht in der Umsatzstatistik erfasst (informeller Sektor). „Eine solche Schätzung von der Angebotsseite her, muss als sehr gewagt, aber auch als allzu unpräzise bezeichnet werden." (*Becker 1988*). Probleme der **nachfrageseitigen Umsatzmethode** ergeben sich aufgrund der Übernachtungszahlen der amtlichen Tourismusstatistik. Diese gelten als nicht vollständig (Primärerhebung zum durchschnittlichen Tagesausgabesatz mit anschließender Hochrechnung), ein sehr hoher Aufwand für erfolgreiche Primärerhebung, schlechte Einschätzung der erbrachten Vorleistungen sowie ein kaum erfasster Tagesausflugsverkehr.

1.2.4   Das touristische Angebot

Das touristische Angebot in Deutschland wird von privatwirtschaftlichen Unternehmen und Betrieben erstellt. Die Angebotsseite umfasst:

- **Produzenten von Reiseleistungen** (Gesamtleistungsträger), z. B. Reiseveranstalter, Tour Operator;
- **Vertreiber und Intermediäre von Reiseleistungen**, z. B. Reisemittler, Reisemakler, Reisehändler, Mietwagenmakler;
- **Verkehrsträger** (Einzelleistungsträger), z. B. Fluggesellschaften, Autovermieter, Busunternehmen, Schifffahrtsunternehmen;
- **gastwirtschaftliche Betriebe** (Einzelleistungsträger), z. B. Hotellerie, Parahotellerie, Gastronomie;
- **Destination** und die Träger der Angebote in der Destination, z. B. Kur- und Badebetriebe, Kur- und Badeorte, Freizeit- und Erlebniswelten, Messe- Tagungs- und Kongressveranstalter;
- **touristische Dienstleister**, z. B. Informations- und Reservierungssystem, Verlage, Reiseversicherungen, Bildungseinrichtungen, Beratungsunternehmen;
- **Handel**, z. B. Souvenirindustrie, Reiseausstatter;
- **selbstständige Dienstleister**, z. B. Reiseleiter, Animateure, Masseure.

Die Ersteller der Leistungen und Angebote werden nach *Freyer* nach Zugehörigkeiten zur Tourismuswirtschaft systematisiert:

Tourismuswirtschaft im engeren Sinn	ergänzende Tourismuswirtschaft	touristische Randindustrie
typische Tourismusbetriebe, die typische Tourismusleistungen anbieten, die ausschließlich von Reisenden nachgefragt werden	tourismusspezialisierte aber untypische Tourismusbetriebe, die typische Tourismusleistungen für typische Nachfrager (Reisende) erstellen, z. B. die Souvenirindustrie, Journalisten, Verlage, Bekleidungs-, Arzneimittelindustrie	tourismusunabhängige, untypische Tourismusbetriebe, die sich mit untypischen Tourismusleistungen auf typische Nachfrager (Reiseende) spezialisiert haben, d. h., diese Leistungen werden auch von Nicht-Reisenden bzw. von ortsansässigen Personen nachgefragt; Gastronomieleistungen, Foto- und Kosmetikleistungen, Friseur- und Gesundheitsleistungen

Abb. 1.19   *Systematisierung der Tourismuswirtschaft*   *(Quelle: Freyer 2011)*

Die Determinanten des touristischen Angebotes (*Freyer 2011*) sind u. a. die Ziele der im Tourismus agierender Unternehmen (z. B. Reiseveranstalter, Fluggesellschaften, Beherbergungsbetriebe), die Kosten der Produktion für die Erstellung der touristischen Dienstleistung, die Verfügbarkeit von Ressourcen (z. B. Arbeitskräfte), Werte, Normen und Sozialstruktur der Gesellschaft, der Zustand der Landschaft, des Klimas und der Umwelt, die Bedürfnisse, Motive und Kaufkraft der Nachfrager, die Freizügigkeit des Reisens, Gesetzgebungen des Staates und Vorschriften (z. B. Zoll, Visa, Ein- und Ausreise), der Wandel in der Technologie und Kommunikation, der gesamtwirtschaftliche Entwicklungsstand eines Landes bzw. einer Volkswirtschaft sowie die touristische Infrastruktur der Quell- und Zielgebiete bzw. die Erreichbarkeit eben dieser.

Produzenten von Reiseleistungen

Produzenten von Reiseleistungen sind die Reiseveranstalter oder Tour-Operator. Ein Reiseveranstalter ist ein Unternehmen, welches die Leistungen Dritter (anderer Leistungsträger) zu einer Pauschalreise bündelt, diese im eigenen Namen und auf eigene Rechnung zu einem Pauschalpreis selbst oder über Mittler an den Kunden/Reisenden verkauft. Schätzungen zufolge gibt es in der Bundesrepublik ca. 800 bis 1.200 Reiseveranstalter. Der Grund dafür, dass es keine präzise Angabe zu der Zahl der Reiseveranstalter gibt, liegt in der Tatsache begründet, dass immer mehr Reisemittler auch als Reiseveranstalter auftreten und somit ein Problem der Erfassung und Abgrenzung auftritt. Reiseveranstalter lassen sich nach (*Pompl 1997*) ihrer Größe (Großveranstalter, mittlere Reiseveranstalter, Kleinveranstalter und Gelegenheitsveranstalter), nach der Angebotsregion (multinationale, überregionale, regionale und lokale Reiseveranstalter), nach ihrer Programmspezialisierung und Programmumfang (Generalisten, Sortimenter und Spezialisten) und nach ihrem wirtschaftlichen Status (kommerzielle, gemeinnützige Reiseveranstalter und „Schwarztouristiker") klassifizieren. Nachfolgende Tabelle zeigt die zehn größten Reiseveranstalter (nach Umsatz in Euro) in Deutschland.

Reiseveranstalter	Umsatz in Mrd. Euro	Marktanteil in %	Teilnehmer in Mio.
TUI Deutschland	4.471,6	18,3	8.000.000
Touristik der Rewe Gruppe	3.175,7	13,1	6.615.000
Thomas Cook	3.200,0	13,1	6.100.000
FTI Group	1.624,0	6,7	3.100.000
Alltours	1.400,0	5,7	1.750.000
Aida Cruises	1.100,0	4,5	632.719
Schauinsland-Reisen	701,0	2,9	925.000
GTI Travel	320,0	k. A.	615.482
Phoenix	304,1	k. A.	180.425
TUI Cruises	291,0	k. A.	172.018

Abb. 1.20 *Rangfolge und Marktanteile der Reiseveranstalter 2011/2012*   *(Quelle: fvw 2012)*

▨ Vertreiber und Intermediäre von Reiseleistungen

Vertreiber/Distributoren von Reiseleistungen sind Reisemittler, Reisemakler, Reisehändler, Mietwagenmakler (Broker), somit alle Unternehmen die:

1. in fremdem Namen und auf fremde Rechnung (Mittler),
2. in fremdem Namen und auf eigene Rechnung (Makler) und
3. in eigenem Namen und auf eigene Rechnung (Händler)

Reisen und/oder einzelne Reiseleistungen an Endverbraucher vermitteln oder verkaufen. In der Fachliteratur wird oftmals nicht konsequent zwischen den Begriffen Reisemittler und Reisebüro getrennt. Die Begriffe werden oftmals synonym verwendet. Dies ist dem Umstand zu verdanken, dass es heutzutage kaum noch 100%ige Reisevermittler gibt. Ebenso gibt es nahezu keinen 100%igen Reiseveranstalter mehr. Der Reisemittler vermittelt nur noch ca. 80% und weniger seiner Umsätze, während der Reiseveranstalter immer stärker seine eigenen Leistungen selbst vertreibt. In einigen Jahren wird es vermutlich nur noch „touristische Unternehmen" geben, die Tourismusprodukte (z. B. Pauschalreisen) vermitteln, veranstalten und handeln.

Der Markt der Reisemittler umfasst derzeit ca. 11.500 als „Reisebüro" gekennzeichnete Unternehmen, die wie folgt strukturiert werden können:

▨ **„klassisches Reisebüro"**, Hauptagentur mit mind. einer Veranstalter- und einer Verkehrsträger-Lizenz (i. d. R. IATA und/oder DB);

▨ **„touristisches Reisebüro"**, Hauptagentur mit mind. zwei Veranstalter-Lizenzen und keiner Verkehrsträger-Lizenz (keine IATA und/oder DB), sowie weitere

▨ **„Buchungsstellen"** (z. B. Nebenerwerbs- oder markengebundene Reisebüros), die i. d. R. nur über eine Veranstalter- und keine Verkehrsträger-Lizenz verfügen und ggf. neben dem Reisegeschäft noch z. B. Versicherungen, Zeitschriften und andere Geschäfte tätigen;

▪ **„Business Travel"** sind Unternehmen, die lediglich Geschäftsreisen für Unternehmen und deren Mitarbeiter planen und organisieren. Die Unternehmen treten als Einzel- und inhabergeführten Reisemittler, konzerngebundene Filialsysteme, Kooperations-Büros und Franchiseorganisationen im Markt auf.

Nachfolgende Abbildungen zeigen die zehn wichtigsten Ketten- bzw. Franchiseunternehmen sowie Reisemittlerkooperationen.

Name	Büros 2011	Veränderung zu 2010	Umsatz (€) 2011
Touristik der REWE Group (gesamt)	2.070	+22,0 %	4,29 Mrd.
TUI Leisure Travel (gesamt)	1.522	+10,0 %	3,22 Mrd.
Lufthansa City Center	465	+3,0 %	2,13 Mrd.
BCD Travel	116	+1,0 %	1,81 Mrd.
Thomas Cook Partner Group	1.328	+6,0 %	1,32 Mrd.
Carlson Wagonlit Travel	48	–3,0 %	0,97 Mrd.
OFT (gesamt)	329	–5,0 %	0,75 Mrd.
TVG	206	+16,0 %	0,29 Mrd.
Reisecenter Alltours	201	+2,0 %	0,24 Mrd.
STA Travel	45	+7,0 %	0,12 Mrd.

Abb. 1.21   *Deutsche Reisebüro-Ketten und Franchisesysteme 2011*   *(Quelle: fvw 2012)*

Name der Kooperation	Vertriebsstellen/ Umsatz in Mio. €	Zugehörigkeit zu einer „Mega-Kooperation"
RTK Gruppe (RTK, Alpha, TUI Travel Star)	2.500/3.209,0	QTA*
TSS Touristik Service System	2.107/2.286,0	TMCV**
Schmetterling	2.578/1.796,7	QTA*
AER Reisebüro Kooperation	897/1.176,0	TMCV**
BEST-RMG	472/661,3	QTA*
Pro Tours/RCE	544/500,0	RSG***
Deutscher Reisering	177/198,7	RSG***
Tour Contact	109/177,5	RSG***
* QTA Quality Travel Alliance, Burghausen, ** TMCV GmbH, Dresden, *** RSG Reisebüro Service GmbH & Co. KG		

Abb. 1.22   *Deutsche Reisebürokooperationen 2011*   *(Quelle: fvw 2012)*

▓ Verkehrsträger

Verkehrsträger sind Einzelleistungsträger, z. B. Fluggesellschaften, Autovermieter, Busunternehmen, Schifffahrtsunternehmen und Schienenunternehmen. Die Grundfunktion der Verkehrsträger ist es, eine Beförderungs- bzw. eine Transportleistung zu erbringen. Beförderungsunternehmen können sich im Rahmen ihres Angebotes auf eine regelmäßige, öffentliche und planmäßige Linienbeförderung oder einer eher unplanmäßigen und bedarfsorientierten Gelegenheitsbeförderung (touristischer Verkehr) ausrichten. Die generellen Vorteile des Linien- und mit Einschränkung auch des Gelegenheitsverkehrs gegenüber dem Individualverkehr besteht in der Tatsache, dass diese (*Rudolph 1999*) allen Personen zugänglich sind (Öffentlichkeit), keine besondere Nutzungsbefähigung voraussetzt, die Sicherheit, Regelmäßigkeit und Zuverlässigkeit durch Planung und Organisation gewährleistet, durch niedrigere Umweltbelastung und Ressourceneinsparung umweltschonend ist, eine sinnvolle Nutzung der verfügbaren Frei- und Reisezeit ermöglicht sowie zur Reduzierung des Reiserisikos beiträgt. Verkehrsträger, wollen diese ihre Vorteile gegenüber dem Individualverkehr voll geltend machen, müssen über folgende Erfolgspotenziale aus ihrer definierten Strategie verfügen (*Rudolph 1999*): Flächenerschließung und optimale Verkehrsnetzstrukturen aufbauen, Nachfrage- und bedarfsgerechte Fahrplangestaltung sicherstellen, Komfort durch Innovation und Technik gewährleisten sowie Verbundeffekte durch Kooperationen und Allianzen generieren.

▓ Gastwirtschaftliche Betriebe

Gastwirtschaftliche Betriebe sind Einzelleistungsträger. Dazu gehören u. a. die Hotellerie (Hotels, Pensionen, Hotel Garni, Gasthöfe) in den Ausprägungen Einzel- und mehrbetriebliche Hotellerie sowie Individual- und Markenhotellerie, die Parahotellerie (ergänzende Beherbergungsstätten wie z. B. Jugendherbergen, Campingplätze, Berghütte) sowie die Gastronomie sowohl in den Ausprägungen Individual- und Systemgastronomie als auch Verpflegungs- und Erlebnisgastronomie. Das Gastgewerbe beschäftigte im Jahr 2010 in Deutschland ca. 1.7 Mio. Mitarbeiter, 68.963 Auszubildende (2012), verfügte im Jahr 2013 über 227.175 gastgewerbliche Betriebe (Beherbergungsbetriebe, Gaststätten, Pachtkantinen und Caterer) und generierte einen Jahresumsatz in Höhe von ca. 76.3 Mrd. Euro (2011). Das Gastgewerbe ist und bleibt eine der Zugmaschinen des Mittelstandes und der Jobmotor in Deutschland und somit wichtigster Leistungsträger im Tourismus in Deutschland (*DeHoGa 2013*).

▓ Destination

„Destination ist der geographische Raum (Ort, Region, Weiler), den der jeweilige Gast (oder Gästesegmente) als Reiseziel auswählt. Sie enthält sämtliche für einen Aufenthalt notwendige Einrichtungen für Beherbergung, Verpflegung, Unterhaltung/Beschäftigung. Sie ist somit die Wettbewerbseinheit im Incoming-Tourismus, die als strategische Geschäftseinheit geführt werden muss." (*Bieger 2002*) Die Destination als „Ort mit einem Muster von Attraktionen und damit verbundenen Tourismuseinrichtungen und Dienstleistungen" stellt als Leistungsbündel für einen bestimmten Gast ein Produkt dar. Die Destination kann für verschiedene Gästegruppen unterschiedliche Kernprodukte und Nutzen generieren. Als solche ist die Destination die Wettbewerbseinheit im Incoming-Tourismus (vgl. *Bieger 2002*). Was eine Destination für einen bestimmten Gast ist, hängt von seinen Bedürfnissen und seiner Wahrnehmung ab; ein Golfspieler betrachtet als Destination seinen Golfplatz mit Hotel und dem Ort, für einen amerikanischen Touristen ist Europa eine Destination; für eine Familie mit Kindern, die einen dreiwöchigen Badeaufenthalt auf einer Kanareninsel bucht, ist die Destination die Inselgruppe Kanaren bzw. die gewählte Insel (z. B. Fuerteventura). Destination kann für den Gast somit ein Ort, ein Weiler, eine Stadt, ein Bundesland, ein Kanton, ein Regierungsbezirk, eine Region, ein Küstenabschnitt, eine Seenlandschaft, ein Land, ein Staat, eine Insel oder ein Kontinent und/oder ein Kulturkreis sein. Eine Destination ist die Summe seiner Teilnehmer, Akteure und Mitwirkenden. Die Träger der Angebote in der Destination sind z. B. Kur- und Badebetriebe, Kur- und Badeorte, Freizeit- und Erlebniswelten, Hotellerie und Gastronomie, Verkehrsträger, Messe-, Tagungs- und Kongressveranstalter.

Touristische Dienstleister
Zu den touristischen Dienstleistern gehören z. B. Informations- und Reservierungssysteme, Verlage, Reiseversicherungen, Bildungseinrichtungen, Handling-Agents, Zielgebietsagenturen und Beratungsunternehmen. Durch immer komplexer werdende Geschäftsprozesse, u. a. auch durch vermehrte Spezialisierungen und Arbeitsteilungen, hat sich eine Vielzahl von Dienstleistern etabliert, die den Einzel- und Gesamtleistungsträgern zuarbeiten.

Handel
Der Handel spielt hier nur insoweit eine Rolle, als das er die Konsumbedürfnisse der Reisenden (Versorgung oder Erlebnis) vor und während der Reise (in Ausnahmefälle auch nach der Reise) befriedigt. Dazu gehören z. B. die Souvenirindustrie und Reiseausstatter.

Selbstständige Dienstleister
Selbstständige Dienstleister, dazu gehören z. B. Reiseleiter, Animateure, Masseure, Ortsführer, Therapeuten, Betreuer von Senioren und Kinder, sind selbstständig Tätige, die im touristischen Umfeld einen wesentlichen Servicebeitrag leisten. Sie können im Auftrag des Reiseveranstalters, eines Leistungsträgers oder der Kunden tätig werden.

1.2.5   Die touristische Nachfrage

„Die touristische Nachfrage stellt die Bereitschaft des Tourismus dar, verschiedene bestimmte Mengen touristischer Güter zu verschiedenen bestimmten Geldmengen einzutauschen bzw. zu erwerben." So formulierte einst *Kaspar* im Jahr 1991 seinen Kommentar zur Nachfrageseite im Tourismus. Heute wird jedoch nicht nur auf den Preis bzw. auf die Geldmenge geachtet. Der Preis spielt bis auf einige Ausnahmen im Nachfrageverhalten keine allzu große Rolle mehr. Nach *Freyer* gewinnen andere Einflussgrößen wie z. B. das Image des Reiselandes, die allgemeinen Umweltbedingungen im Reiseland, die Reiseart und Reiseform zunehmend an Bedeutung. Die touristische Nachfrage besteht im Wesentlichen in einer Nachfrage nach Beherbergungs-, Beförderungs-, Verpflegungs-, Betreuungsleistung (z. B. durch Reiseleiter, Reisebetreuer, Animateure), Vermittlungs- (z. B. durch das Reisebüro), Informationsleistung (z. B. durch die Leistungsträger) sowie nach ergänzenden Produkten und Leistungen (z. B. Kurbehandlungen, Reiseführer, Bekleidung). Die wichtigsten Einflussfaktoren auf die Tourismusnachfrage zeigt nachfolgende Abbildung.

individuelle Einflüsse	Wandertrieb des Menschen; Befriedigung eines Grundbedürfnisses; Neugier und Forscherdrang; Einsamkeit und Kontaktsuche; Suche nach Vergnügen und Aktivitäten; Erholung und/oder Regeneration; Geschäfte; Kommunikation.
gesellschaftliche Einflüsse	Werte und Normen; Sozialstruktur; Gesellschaftsordnung; Freizeitverhalten; Mobilität.
ökologische Einflüsse	Klima; Landschaft; Ökologie; Verstädterung; Wohnumfeld.
ökonomische Einflüsse	Gesamtwirtschaftliche Entwicklung; globale/internationale Handelsbeziehungen; Einkommenssituation und -verteilung; Preise und Wechselkurse, Produktionsbedingungen; Transport- und Transaktionskosten; Arbeitsplatzsicherheit.
Einflüsse durch die Anbieter	unterschiedliche Leistungen und Produkte; Preis, Werbung und Vertriebswege.
staatliche Einflüsse	Gesetzgebung; Devisen-, Einreise-, Pass- und Zollvorschriften; politische Beziehungen zu den bereisten Ländern.

Abb. 1.23   *Einflussfaktoren auf die Nachfrage im Tourismus*   *(Quelle: in Anlehnung an Freyer 2011)*

Einen anderen Ansatz über die Bedeutung der Einflussfaktoren auf die Reisentscheidung nach *Kreilkamp* zeigt Abbildung 1.24.

gesellschaftliche Rahmenbedingungen	Einkommens- und Besitzmerkmale; konjunkturelle Situation; kulturelle Normen und Werte.
Umwelt und Angebot	Attraktivität der Reiseziele und Reiseformen; touristische Infrastruktur; Freizeitmöglichkeiten; Image des Angebotes und der Destination; Preis- und Leistungsverhältnis; Verfügbarkeit.
Bezugsgruppen	Freundeskreis; Bekannte und Verwandte; Familie.
Person	Persönlichkeit; Lebensstil; Reiseerfahrung; Reisemotive; Reisebedürfnisse; Erwartungen; Interessen; physische und psychische Einflüsse.

Abb. 1.24   *Einflussfaktoren auf die Reiseentscheidung*   *(Quelle: Kreilkamp 1998)*

Bei der Betrachtung der Nachfrager müssen auch die **Entwicklungsfaktoren des Reiseverhaltens** und **Reisesozialisation** betrachtet werden. Die Faktoren, die zu dem heutigen Reiseverhalten der Bevölkerung beigetragen haben, lassen sich wie folgt zusammenfassen:

- **demographische und soziologische Faktoren**, z. B. Alter und Geschlecht, Lebensphasen und Familienzyklus, junge Eltern, Studenten, Austritt aus dem Erwerbsleben, dritte Lebensphase, Beruf, Einkommen, soziale Zugehörigkeit;
- **räumliche Faktoren**, z. B. Herkunft, Großstadt, Kleinstadt, Land, Küste, Gebirge, Kulturkreise (weltweit), Ballungsraum;
- **psychologische Faktoren**, z. B. Einstellungen, Religions- und Parteizugehörigkeit, Lebensstile;
- **physische Faktoren**, z. B. Größe, Körperumfang, Haar- und Hautfarbe;
- **Lebensstile**, z. B. Identifikation von Zielgruppen nach Kriterien der max. Heterogenität (Unterscheidung zwischen Gruppen) und max. Homogenität (innerhalb der Gruppen), Ableitung von Reisestilen, Nachteile, Instabilität, Reliabilität, Wandel, Lebensstiltypen.

Unter der **Reisesozialisation** versteht man den Sozialisationsprozess, also den Prozess des Hineinwachsens in die Gesellschaft, in dem die Normen und Verhaltensschemata übernommen werden, die für das Leben in einer Gesellschaft von existenzieller Bedeutung sind. Geschmackspräferenzen wachsen mit und verändern sich nur wenig. Beispielsweise unternimmt in den 1960er Jahren die große Mehrheit der 20-Jährigen noch keine Reise. In den 1980er Jahren wurde das Reisen für fast alle Deutschen zur sozialen Selbstverständlichkeit. Der Hintergrund für die Reisesozialisation ist das allgemeine Konsumverhalten, z. B. die ausgeprägte Inkonsistenz des Verhaltens (z. B. Aldi und Dallmayr), Kleider sagen nur noch wenig über die Schichtzugehörigkeit, ebenso die Essgewohnheiten (McDonald und Sternerestaurant). Vor dem Hintergrund der Bedürfnispyramide von *Maslow* lassen sich zwei Ansätze zur Theorie des Reisens festmachen.

Weg-von-Reise-These	Hin-zu-Reise-These
Je weiter man sich auf den unteren Stufen der Pyramide befindet, desto stärker ist Reisen als die Flucht aus dem Alltag, die Flucht aus Beruf und Stress ausgeprägt. Reisen bedeutet kein gezieltes Erlebnis, sondern mehr oder weniger Flucht.	Auf der Stufe der Selbstverwirklichung und der sozialen und gesellschaftlichen Anerkennung wird Reisen als ein Instrument der Selbstverwirklichung, als ein bewusstes Erlebnis empfunden.

Abb. 1.25   Weg-von- und Hin-zu-These vor dem Hintergrund der Bedürfnispyramide nach Maslow

Andere übergreifende Erklärungsansätze zur Reisesozialisation und Reisemotivation sind:

Defizittheorie: Reisen als Flucht vor den Verhältnissen (entfremdete Arbeit, beengte Wohnverhältnisse) mit dem Motto „Tapetenwechsel", „nix wie weg", „Tun und Lassen können, was man will";

Reisen als Suche nach Authentizität: häufig Suche nach unberührter Natur oder intakten historischen Gebäuden als Ausdruck der „guten alten Zeit";

physiologische Ansatz: Urlaub zum Abbau der kumulierten Ermüdungsstoffe, Urlaub als Wiederherstellung verloren gegangener Arbeitsleistung (regenerativer Tourismus);

1. psychologischer Ansatz: Selbstverbesserung und symbolische Selbstergänzung, Verstärkung der Anerkennung durch andere, Ausgleich von fehlender Anerkennung aus dem Alltag;

2. psychologischer Ansatz: Urlaubsreisen als Kontrast zum Alltag;

3. psychologischer Ansatz: die Reise als Zeitverlängerung;

spezielle Ansätze: Reisen zum Erhalt oder Förderung der Gesundheit, Kuren, Ausleben von Sexualität, Reisen selbst als Motiv für das Reisen, Flow-Erlebnisse.

Aus diesen Ansätzen der Reisesozialisation und dem Reiseverhalten heraus entstand die Typologisierung der Reisenden/Urlauber. Auch hierzu wurde im Zeitverlauf und mit stetig steigenden Reiseaktivitäten der Bundesbürger/Wohnbürger die Erforschung der Urlauber- und Lifestyletypen zu einem Gegenstand der Wissenschaft.

Es folgt eine Auswahl von Urlaubertypologien und ihren Merkmalen mit dem jeweiligen Verfasser bzw. Wissenschaftler: Urlaubsaktivitäten (*Hahn 1974*); Typen nach Landschaftspräferenzen (*Hartmann 1981*); aktionsräumliches Verhalten (*Fingerhut 1973*); Lieblingsfarbe als Indiz für das Freizeitverhalten (*Lüscher 1973*); Interaktionspartner (*Meyer 1978*); Grad der Anpassung von Touristen an lokale Gegebenheiten (*Smith 1977*); Informationsverhalten (*Datzer 1983*); Konträrhaltung – Alternativtourist (*Freyer 1985*); bereiste Länder (*G&J 1988*); Reisehäufigkeit im Lebenszyklus (*Becker 1992*).

Die zeitgemäße und wichtigste Typologisierung ist die Typologisierung nach Urlaubsaktivitäten nach *Hahn*. Er unterscheidet folgende Urlaubertypen:

Urlaubertyp	Merkmale
A-Typ	Abenteuerurlauber, sucht einmaliges Erlebnis und kalkuliertes Risiko
B-Typ	Bildungs- und Besichtigungsurlauber, kann unterteilt werden in: **B 1-Typ**: sammelt Sehenswürdigkeiten und Orte **B 2-Typ**: sammelt Gefühle und Stimmungen, naturinteressiert **B 3-Typ**: natur-, kultur- und sozialwissenschaftlich interessiert
F-Typ	ferne- und flirtorientierter Erlebnisurlauber, ist unternehmungslustig, liebt Geselligkeit, Abwechslung und Vergnügen in mondäner Atmosphäre
S-Typ	sonne-, sand- und seeorientierter Erholungsurlauber, will dem Alltagsstress entfliehen, sucht Tapetenwechsel, Ruhe und Geborgenheit unter dem Sonnenschirm, Kontaktinteressen, nicht zu viel Fremdartiges
W-Typ	Bewegungsurlauber, kann unterteilt werden in: **W 1-Typ**: wald- und wanderorientierte Bewegungsurlauber; körperliche Bewegung, Natur und frische Luft **W 2-Typ**: wald- und wettkampforientierter Sporturlauber, Hobby entscheidet über Urlaubsziel

Abb. 1.26   *Typologisierung der Urlauber nach Hahn*   *(Quelle: Hahn, in Freyer 2011)*

Wer ist nun genau der Nachfrager nach touristischen Produkten und Dienstleistungen? Es sind Individuen, die mit dem Reisen einen (Haupt-)Zweck verfolgen. *Kaspar* strukturiert dies aus Sicht der Nachfrager (Tourismusart).

Tourismusart (Warum wird verreist?; Hauptzweck der Reise)	Merkmale/Ausprägungen
Erholungstourismus	Nah- und Urlaubserholung zur physischen und psychischen Regeneration; Kurerholung zur Herstellung psychischer und körperlicher Heilung
kulturorientierter Tourismus	Bildungs-, Alternativ-, Wallfahrtstourismus
gesellschaftsorientierter Tourismus	Verwandten- und Klubtourismus
Sporttourismus	Tourismus des aktiven und passiven Sports
wirtschaftorientierter Tourismus	Geschäfts-, Kongress-, Ausstellungs-, Incentive-Tourismus
politikorientierter Tourismus	Diplomaten- und Konferenztourismus, Tourismus in Zusammenhang mit politischen Veranstaltungen

Abb. 1.27   *Gliederung nach der Motivation aus Sicht des Nachfragers*   *(Quelle: Kaspar 1998)*

Eine weitere Typologisierung der Nachfrager zeigt die nachfolgende Tabelle. Sie erfolgt anhand der Bestimmungsmerkmale der Reisesubjekte (Kunde, Gast) und der entsprechenden Tourismusform.

Bestimmungsmerkmale ausgehend vom Reisenden	entsprechende Tourismusform
Herkunft	Inlandstourismus (Binnentourismus), Auslandstourismus
Zahl der Teilnehmer der Reise	Individualtourismus (individuelle Gestaltung von Reisen und Aufenthalt); Kollektivtourismus unterteilt sich in: Gruppen- oder Gesellschaftstourismus (kollektive Abwicklung des Reisevorganges und des Aufenthaltes); Clubtourismus (Reise und Aufenthalt vorwiegend im Kollektiv, die Integration des Gastes in eine Gruppe wird bewusst gefördert); Massentourismus (massenhaftes Auftreten von Kunden/Touristen); Familientourismus

Alter der Teilnehmer der Reise	Jugendtourismus (Tourismus der zwischen 15 bis 24-Jährigen, die nicht mehr gemeinsam mit den Eltern, aber auch noch nicht mit der eigenen Familie verreisen); Seniorentourismus (Tourismus der nicht mehr im aktiven Erwerbsleben stehenden über 60-Jährigen)
Dauer des Aufenthaltes	kurzfristiger Tourismus (z. B. Durchreise- und Passantentourismus, Tagesausflug- und Wochenendtourismus); langfristiger Tourismus (z. B. Urlaubstourismus mit mehr als vier Übernachtungen, Kurtourismus)
Jahreszeit des Aufenthaltes	Sommer-, Winter-, Hochsaison und Zwischensaisontourismus
Beherbergungsform	Hotellerie (traditionelle Beherbergung); Parahotellerie (z. B. Chalet, Appartement, Zweitwohnung, Camping, Wohnwagen)
verwendetes Verkehrsmittel	Eisenbahn-, Auto-, Bus-, Schiffs- und Flugtourismus
soziologische Inhalte (sinnstiftende Klammer)	Luxus- und Exklusivtourismus, traditioneller Tourismus, Jugendtourismus, Seniorentourismus, Sozialtourismus, Sanfter Tourismus
Reiseform (Art der Organisation der Reise)	Individualtourismus (mit oder ohne Zuhilfenahme von Reisebüros und/oder Reiseveranstaltern); Pauschaltourismus (von Reiseveranstaltern angebotene Pakete von Reise- und Aufenthaltsbedingungen zu einem Pauschalpreis) als Voll- oder Teilpauschalreise
Finanzierungsart	Sozialtourismus, d. h. Beteiligung kaufschwacher Bevölkerungsschichten am Tourismus, der durch besondere Vorkehrungen ermöglicht und erleichtert wird (durch Vor- oder Nachfinanzierung, z. B. Rechnung, bar oder Kreditkarte)
Auswirkungen auf die Zahlungsbilanz	aktiver Tourismus (Incoming- und Ausländertourismus im Inland); passiver Tourismus (Outgoing-Tourismus, d. h. Reisen der Inländer ins Ausland)
Reiseverhalten	intelligenter Tourismus, Neigungstourismus

Abb. 1.28   Gliederung nach äußeren Ursachen und Einwirkungen   *(Quelle: Kaspar 1998)*

Abschließend folgt noch eine Unterscheidung/Abgrenzung zwischen den Privat- und Geschäftsreisen.

Kriterien der Unterscheidung	Geschäftsreisen	Privatreisen
Motiv der Teilnahme	Wirtschaftlich; Gelderwerb und fremdbestimmt	unterschiedliche und vielfältige private Interessen
Ursache der Reise	wirtschaftliche Beziehungen räumlich getrennter Partner; produktions- und leistungsbedingt	private Bedürfnisse
Zeitpunkt der Reise	ganzjährig mit den Schwerpunkten Frühjahr, Herbst und in der Woche	ganzjährig mit den Schwerpunkten Sommer und Winter, Ferien, Betriebsferien, an freien Tagen und am Wochenende
bevorzugte Ziele	wirtschaftliche Zentren	Urlaubsregionen mit natürlichem und abgeleitetem Angebot
Entscheidung der Zielwahl	durch Arbeitgeber und Geschäftsbeziehung vorgegeben	selbstbestimmt
verwendete Zeitfonds	ein bis drei Tage/Reise	Jahresurlaub, Überstunden
Finanzierung	durch den Arbeitgeber	privat
Ausgabeverhalten	hoch	mittel bis niedrig

Abb. 1.29   *Unterscheidungsmerkmale Geschäfts- und Privatreisen*
(Quelle: in Anlehnung an Dettmer u. a. 2000)

Privatreisen folgen dem zunehmenden Wunsch nach Erholung, Regeneration, Kultur, Religion, Sport, Gesundheit und gesellschaftlicher Teilnahme. Damit stehen diese im Gegensatz zu Geschäftsreisen. Reisen haben ökonomisch betrachtet etwas von einem Grundbedürfnis und psychologisch betrachtet etwas von einem Luxusbedürfnis (*Füth 2001*). Dabei kommt der Motivation mit bewusstem oder unbewusstem Ursprung eine wichtige Rolle zu. Nachfolgende Abbildung zeigt die unterschiedlichen Motivationen und die dazugehörigen Tourismusarten bzw. Tourismusgruppen.

Motivationen/Motivationsgruppen	Tourismusar-ten/Tourismusgruppen
physische Motivation • Erholung (physische Regeneration der Kräfte) • Heilung (Herstellung der körperlichen Gesundheit) • Sport (aktive körperliche Betätigung	 • Erholungs- und Badetourismus • Kur- und Wellnesstourismus • Sporttourismus
psychische Motivation • Ausbruch aus der alltäglichen Isolierung, Suche nach Zerstreuung, Erlebnisdrang	 • Erlebnistourismus wie er im Club-, Bildungs- und Erholungstourismus vorkommt, Weg-von-Reisen
interpersonelle Motivation • Besuch von Freunden und Bekannten • Suche nach Geselligkeit und sozialen Kontakten • Eskapismus (weg vom allzu zivilisierten Alltag, zurück zur Natur)	 • Verwandtentourismus • Clubtourismus, Busreisen • Campingtourismus
kulturelle Motivation • Kennenlernen anderer Länder, ihrer Sitten, Gebräuche, Sprachen • Interesse an Kunst • Interesse an Religion • Interesse an der Natur, Fauna und Flora	 • Kultur- und Bildungstourismus in allen seinen Ausprägungsformen (z. B. Städte-, Studien-, Rund-, Abenteuer-, Pilger-, Opern-, Wanderreisen u. v. m.)
Status- und Prestigemotivation • persönliche Entfaltung • Wunsch nach Anerkennung und Wertschätzung	 • Erlebnistourismus, Hin-zu-Reisen, Besuch von Veranstaltungen (auch Messen und Kongresse in der Freizeit als private Reisen), Sporttourismus in der passiven Form

Abb. 1.30 *Motivationen und die dazugehörigen Tourismusarten* *(Quelle: in Anlehnung an Füth 2001)*

Wichtige Erkenntnisse 👁

- Die Tourismusbranche ist einer der wichtigsten Wachstumsbranchen weltweit.
- Die Deutschen sind die größten Nettodevisenbringer im internationalen Reiseverkehr.
- Der Begriff *Fremdenverkehr* wird aufgrund der Dienstleistungs- und Kundenorientierung heute zunehmend durch den Begriff *Tourismus* ersetzt.
- Der Tourismus ist nicht nur ein Wirtschafts-, sondern auch ein Lebensbereich.
- Die Tourismuswissenschaft ist eine Querschnittsdisziplin.
- Deutschland als Reiseland wird aufgrund seines natürlichen und abgeleiteten Angebotes, aber auch dank der Bemühungen der Deutschen Zentrale für Tourismus eine immer wichtigere Destination für Gäste aus Europa und Übersee.
- Die Wachstumsprognose der DZT bis 2015 besagt, dass mit erfolgreichem Marketing Deutschland bis zum Jahr 2015 ca. 66 Mio. Übernachtungen aus dem Ausland erzielen kann.
- Die *Sickerrate* ist der Anteil der touristischen Deviseneinnahmen, der zur Bezahlung importierter Vorleistungen wieder ins Ausland fließt.
- Tourismus hat eine ausgeprägte Tendenz des Vordringens in periphere Räume; oftmals besteht ein Zusammenhang zwischen der wirtschaftlichen Unterentwicklung und der touristischen Attraktivität. Der industrielle Standortnachteil wird zum touristischen USP.

Vertiefungsfragen ❓

? Welches ist die wichtigste Quellregion für den Tourismus in Deutschland?

? Was ist mit der Bezeichnung „enger Tourismusbegriff" gemeint?

? Welches sind die konstitutiven Elemente des Reisens?

? Nach welchen Faktoren kann das Reiseverhalten abgegrenzt werden?

? Bedingt durch welche Faktoren entwickelte sich das Reisen von einem Luxusgut zu einem Massengut?

? Durch was wird das touristische Angebot bestimmt?

? Was verstehen Sie unter: Tourismuswirtschaft in engerem Sinn, ergänzende Tourismuswirtschaft und touristische Randindustrie?

? Nach welchen Kriterien kann die touristische Nachfrage abgegrenzt werden?

? Welche Motive bewegen den Menschen dazu, zu reisen?

? Welche Bedeutung hat Tourismus für eine Volkswirtschaft?

? Was besagen die Kennzahlen RI, RH und FI?

? Worin besteht die Notwendigkeit für Tourismuspolitik?

? Welche Ziele werden mit der Tourismuspolitik verfolgt?

? Wer sind die Träger der Tourismuspolitik in Deutschland?

Literaturhinweise

- Bieger, T., Management der Destination, 5. Aufl., München 2002
- Bütow, M., Grundlagen Tourismus, Frankfurt a. M. 2006
- Dettmer, H./Glück, E./Hausmann, Th./Kaspar, C./Logins, J./Opitz W./Schneid, W., Tourismustypen, München 2000
- Deutscher Reiseverband (DRV), Fakten und Zahlen 2012, Berlin 2013
- Deutsche Zentrale für Tourismus (DZT), Incoming Tourismus Deutschland 2012, Frankfurt a. M. 2013
- Deutsche Zentrale für Tourismus (DZT), Incoming Tourismus Deutschland 2011, Frankfurt a. M. 2012
- Deutsche Zentrale für Tourismus (DZT), Incoming Tourismus Deutschland 2010, Frankfurt a. M. 2010
- Deutsche Zentrale für Tourismus (DZT), Incoming Tourismus Deutschland 2008, Frankfurt a. M. 2009
- Eisenstein, B./Rast, C., Wettbewerb der Destination, Fontanari, M. L., Scherhag, K. (Hrsg.), Wiesbaden 2000
- Freyer, W., Tourismus, 10. Aufl., München 2011
- Haedrich, G., Kaspar, C., Klemm, C., Kreilkamp, E., Tourismus-Management, 3. Aufl., Berlin/New York 1998
- Kaspar, C., Die Fremdenverkehrslehre im Grundriss, 3. Aufl., Bern 1986
- Kaspar, C., Einführung in das Tourismus-Management, Bern 1992
- Pompl, W., Touristikmanagement 1 & 2, Berlin/Heidelberg 1996, 1997

Internetquellen   ⊏⊐

- http://www.bmwi.de/
  Bundesministerium für Wirtschaft und Technologie
- http://www.deutschland-tourismus.de/
  Deutsche Zentrale für Tourismus
- http://www.dehoga-bundesverband.de/
  Deutscher Hotel- und Gaststättenverband
- http://www.drv.de
  DRV Deutscher ReiseVerband e.V.
- http://www.fur.de/
  FUR – Die Forschungsgemeinschaft
- http://www.destatis.de/
  Statistisches Bundesamt
- http://www.unwto.org/
  World Tourism Organization

2 Tourismuspolitik

Lernziele ◎

Am Ende dieses Kapitels sollten Sie Folgendes können:

- den Begriff Politik sowie seine Notwendigkeit im Tourismus erkennen;
- die Ziele und Instrumente der Tourismuspolitik beherrschen;
- die Träger der Tourismuspolitik sowie die Ebenen, auf denen sich die Tourismuspolitik abspielt, kennen;
- die Bedeutung und die Funktion der internationalen und nationalen Organisationen, Dach- und Fachverbände, die diese für die internationale, nationale und regionale Tourismuspolitik wahrnehmen, kennen.

Europäisches Parlament

2.1 Begriffsdefinition Politik/Tourismuspolitik

Der Begriff Politik (gr. *polis* für Stadt oder Gemeinschaft), bezeichnet ganz allgemein ein vorausberechnendes, innerhalb der Gesellschaft auf ein bestimmtes Ziel gerichtetes Verhalten. Hauptsächlich wird mit diesem Begriff die Gestaltung der Ordnung in der Welt bezeichnet. Bis heute herrscht jedoch keine Einigkeit darüber, ob Macht, Konflikt, Herrschaft, Ordnung oder Friede die Hauptkategorie von Politik ausmachen. Einige Definitionsansätze werden im Folgenden aufgezeigt:

„**Politik** ist die Summe der Mittel, die nötig sind, um zur Macht zu kommen und sich an der Macht zu halten und um von der Macht den nützlichsten Gebrauch zu machen." (*Machiavelli, um 1515*)

„**Politik** ist das Streben nach Machtanteil oder nach Beeinflussung der Machtverteilung [...]" (*Max Weber, 1919*)

„**Politik** ist die Lehre von den Staatszwecken und den besten Mitteln (Einrichtungen, Formen, Tätigkeiten) zu ihrer Verwirklichung." (*Brockhaus, 1903, Bd. 13*)

„**Politik** ist die Führung von Gemeinwesen auf der Basis von Machtbesitz." (*Werner Wilkens, 1975*)

„**Politik** ist Kampf um die rechte Ordnung." (*Otto Suhr, 1950*)

„**Politik** ist die „Gesamtheit aller Aktivitäten zur Vorbereitung und Herstellung gesamtgesellschaftlich verbindlicher und/oder am Gemeinwohl orientierter und der ganzen Gesellschaft zugutekommender Entscheidungen." (*Thomas Meyer, 2000*)

„**Politik** [ist] gesellschaftliches Handeln, [...] welches darauf gerichtet ist, gesellschaftliche Konflikte über Werte verbindlich zu regeln." (*Gerhard Lembruch, 1968*)

Diese Ansätze auf den Tourismus übertragen, ergeben nachfolgende Ansätze und Versuche, Tourismuspolitik zu definieren.

Tourismuspolitik wird von *Freyer* als „die zielgerichtete Planung und Beeinflussung/Gestaltung der touristischen Realität und Zukunft durch verschiedene Träger (staatliche, private und übergeordnete)" bezeichnet (*Freyer, 2011*).

Einen weiteren Definitionsansatz bringt *Kaspar* in die Diskussion ein: „Unter **Tourismuspolitik** verstehen wir bewusste Förderung und Gestaltung des Tourismus durch Einflussnahme auf die touristisch relevanten Gegebenheiten von Gemeinschaften." (*Kaspar, 1995*)

Tourismuspolitik kann auch als die „Kunst des Machbaren", also als ein durchaus pragmatischer Ansatz verstanden werden, da die unterschiedlichen Interessen aller Akteure in Einklang miteinander gebracht werden sollen/müssen. Die Notwendigkeit der Tourismuspolitik ergibt sich aus der Tatsache, dass Tourismus eine wirtschaftliche Erscheinung einerseits, ein gesellschaftliches, soziales und ein Umweltproblem andererseits ist. Erschwerend wirkt der Umstand, dass die Zuständigkeiten für Tourismus in Deutschland bei Wissenschaftsbereichen (z. B. Ökonomie, Geographie, Soziologie, Rechtswissenschaft), Systemen (z. B. Wirtschafts-, Rechts-, Gesellschaftssystemen) und in Politikressorts (z. B. Wirtschafts-, Finanz- und Steuer-, Arbeitsmarkt-, Rechtspolitik) liegen und von diesen wahrgenommen werden. Es gilt, einen Interessensausgleich zwischen den Unternehmen, dem Staat, der Gesellschaft, der Umwelt und der Quell- und Zielgebiete zu schaffen.

2.2 Zielsetzungen und Instrumente der Tourismuspolitik

Die zentralen Ziele der Tourismuspolitik sind i. d. R. wirtschaftlicher, sozialer und – mit Abstrichen – ökologischer Natur. Geht es letztendlich doch darum, Arbeitsplätze in den einzelnen Tourismussegmenten zu sichern und zu schaffen, die Steuereinnahmen (z. B. Mehrwertsteuer, Unternehmenssteuer) zu stabilisieren und zu steigern und – im Fall unseres Landes – Deutschland als attraktives Urlaubs- und Geschäftsreiseland sowie als hervorragender Kongress-, Tagungs- und Messestandort in der Welt zu präsentieren. Tourismuspolitik wird auf unterschiedlichen Ziel- und Interessensebenen gemacht, insbesondere dort, wo Berufs- und Branchenorganisationen sich auf unterschiedlichen Ebenen (internationale, nationale, regionale und lokale/kommunale) in das touristische und tourismuspolitische Geschehen einbringen (*Bütow* 2006). Als grundsätzliche Zielbereiche der Tourismuspolitik können betrachtet werden:

- **allgemeine Gestaltung des Tourismus bzw. der touristischen Rahmenbedingungen**; hierbei handelt es sich um das grundsätzliche Bekenntnis, ob und in welchem Umfang Tourismus (als Incoming-, Outgoing-, Binnen-, Auslands- und Ausländertourismus) stattfinden soll und kann sowie die Weichenstellungen dafür;
- **Gestaltung spezifischer touristischer Segmente bzw. deren Wirkungen**; hierbei handelt es sich z. B. um die Belange der Hotel- und Gastronomie (Arbeitszeiten, Besteuerung, Neugründungen), der Verkehrsträger (Sicherstellung der Mobilität, Verkehrsgenehmigungen, Beförderungsbestimmungen) u. a.;
- **Gestaltung einzelner Standorte**; z. B. Entwicklung von Destinationen (Regionen, Landkreise, Städte, Gemeinden, Küstenabschnitte);
- **Gestaltung der individuellen Bedingungen einzelner Akteure im Tourismus**; z. B. Tourismusunternehmen, Unternehmen der ergänzenden und der touristischen Randindustrien, ebenso die der Reisenden und Bereisten.

Eine mittlerweile sehr starke Verflechtung des Tourismus mit der Umwelt, dem Umfeld sowie mit der Gesellschaft erfordert eine strukturierte und weitreichende gestaltende Tourismuspolitik. Eine mögliche Strukturierung der Ziele im Rahmen der Tourismuspolitik ist in nachfolgender Abbildung dargestellt.

ökonomische Ziele	umfassen alle Zielstellungen des Wirtschaftswachstums z. B.: Wirtschaftswachstum generieren; Wertschöpfung im Tourismus und den vor- und nachgelagerten Bereichen stabilisieren und erhöhen; Beschäftigungseffekte generieren; Deviseneffekte schöpfen (spielen aus Sicht Deutschlands keine nennenswerte Rolle mehr); Ausgleichs- und Verteilungseffekte zu optimieren; Steigerung der Leistungs- und Wettbewerbsfähigkeit der Tourismuswirtschaft in den jeweiligen Destinationen (Regionen, Länder); Sicherung der Rahmenbedingungen für einen funktionierenden Tourismus.
soziale Ziele	da notwendig, wo es um das Eindringen in die Lebens- und Umwelträume der Bereisten, aber auch um die Interaktion zwischen Reisenden und Bereisten geht, z. B. sein: Verträglichkeit des Tourismus mit Sitten, Moral, Gebräuchen, Traditionen und Anstand zwischen Reisenden und Bereisten; Verträglichkeit mit den sozialen Strukturen; Verbesserung der Möglichkeiten der Teilnahme breiter Bevölkerungsschichten am Tourismus.
ökologische Ziele	zielen auf Umweltverträglichkeit und ökologische Wirtschaftskreisläufe, z. B. Umweltverträglichkeit im Allgemeinen und Besonderen; Schonung der Ressourcen, insbesondere des natürlichen Angebotes; Vermeidung von Abfall sowie Wiederverwendung; Entsorgung von Abfall; Verträglichkeit der Ausgestaltung von Infrastruktur und abgeleitetem Angebot; Erhaltung der Landschaft, der Ökosysteme und der Natur.
weitere Ziele	vor allem übergreifende Ziele, die nicht ausschließlich/spezifisch die Tourismuswirtschaft betreffen, die aber Gegenstand oder Rahmen touristischer Aktivitäten sein können, z. B. medizinische Ziele (Problematik des Einschleppens von Viruserkrankungen, Tropenkrankheiten, Reiseimpfschutz u. a.); juristische Ziele (Problematik von Ein- und Ausreiserestriktionen der unterschiedlichen Nationalitäten); pädagogische Ziele (Reisen soll nicht nur Konsum sein, sondern auch der Bildung und des Wissenserwerbs für das Individuum dienen); Verbesserung und Ausbau der regionalen und internationalen Zusammenarbeit im Tourismus.

Abb. 2.1   *Ziele der Tourismuspolitik*   *(Quelle: in Anlehnung an Freyer 2011, Bütow 2006)*

Die Verwirklichung o. g. tourismuspolitischer Ziele erfolgt mittels eines Instrumentenbündels. Diese **Instrumente**, mit denen die handelnden Akteure o. g. und weitere Ziele erreichen können, sind u. a.:

ökonomische Instrumente	z. B. durch direkte finanzielle Zuwendungen (direkte und indirekte Subventionen, Förderprogramme u. a.) oder indirekte Steuer- und Finanzbestimmungen (Kurtaxe und Tourismus-/Fremdenverkehrsabgabe u. a.), finanzielle Förderung von Aus-, Fort- und Weiterbildungen.
soziale bzw. sozialpolitische Instrumente	z. B. durch direkte und indirekte Mittel für soziale und medizinische Problemgruppen (Kuren, Rehabilitationen u. a.), Ferien- oder Arbeitszeitregelungen, ggf. auch die Aus-, Fort- und Weiterbildung (kann aber auch als wirtschaftliches Mittel werden).
rechtliche bzw. ordnungsrechtliche Instrumente	z. B. durch Gesetzgebung und Verordnungen (Raumordnung, Bau, Umweltbelastung u. a.) oder durch lokale Verbote/Gebote (Befahrung, Gewässerschutz u. a.).
kommunikative bzw. meinungsbildende Instrumente	z. B. durch Imagekampagnen und Themen-Jahre (Themenjahre der DZT u. a.), Resolutionen, Memoranden, Untersuchungsergebnisse aus der wissenschaftlichen Forschung u. a.

Abb. 2.2   Instrumente der Tourismuspolitik   *(Quelle: in Anlehnung an Bütow 2006)*

2.3   Träger und Ebenen der Tourismuspolitik

Die Träger sowie die Ebenen, die mit den Aufgaben der Tourismuspolitik vertraut sind, lassen sich wie folgt unterteilen:

gesellschaftliche Ebenen	• internationale Träger, z. B. EU, UNWTO, OECD; • nationale Träger, z. B. DZT, DTV, nationale Tourismusorganisationen und -zentralen; • regionale Träger, z. B. regionale Tourismusverbände; • lokale Träger, z. B. Verkehrs-, Tourismus- und Kurvereine.
rechtliche Organisationen	• öffentlich-rechtliche Körperschaften, z. B. Staat, Kommunen, EU; • rechtlich vereinigte Institutionen, z. B. Berufsverbände, Interessensgemeinschaften; • Industrie- und Handelskammern; • lose Interessensverbände (Aktionsgemeinschaften organisiert), z. B. Umweltvereinigungen, Zusammenschluss für nachhaltiges Reisen.
berufsständische Vertretungen	• Fach-, Dach- und Branchenverbände aus den Bereichen Hotellerie, Reisemittler und Reiseveranstalter, Verkehrsträger, Zusammenschlüsse von Dienstleistern und Einzelpersonen, z. B. DRV, IHA, DeHoGa, VC.

Abb. 2.3   Träger und Ebenen der Tourismuspolitik   *(Quelle: in Anlehnung an Freyer 2011)*

Organisatorisch lassen sich o. a. Träger nach ihrer Organisationsform untergliedern in (*Freyer 2011*):

- **staatliche Träger**: z. B. Ministerien von Bund und Ländern, Ämter und Verwaltungen von Kommunen und Kreisen, Gebietskörperschaften der Kommunen, Kreise und Länder sowie Werbegemeinschaften (DZT);
- **Mischformen**: z. B. Tourismusverbände und Tourismusvereine, Werbegemeinschaften (touristische Routen, Stadt-Marketing-Gesellschaften) und Verkehrsvereine;
- **private Träger**: z. B. Unternehmen, Verbände, Berufs- und Brancheorganisationen, Einzelpersonen, öffentlich-rechtliche Institutionen und Dienstleister, Kammern.

Die Tätigkeiten der o. g. Träger erfolgen auf unterschiedlichen Ebenen. So nehmen z. B. auf nationaler Ebene das Ministerium des Bundes oder die Branchenverbände die Interessen der Tourismus wahr, während auf Länderebene die Landes- und Regionalverbände, sowie Verbände und Vereine Tourismuspolitik betreiben. Auf kommunaler Ebene sind es die Tourismusämter und die Unternehmen, denen die Aufgabe und die Vertretung der Interessen des Tourismus zukommen.

2.4 Internationale Tourismuspolitik

Internationale Tourismuspolitik wird von einigen wenigen Organisationen/Institutionen, die durch ihre Mitglieder, i. d. R. durch die Mehrzahl der souveränen Staaten (Mitglieder) legitimiert, betrieben. Das tourismuspolitische Bestreben dieser Organisationen/Institutionen besteht darin, in weiten Teilen der Welt den Tourismus aufzubauen, in der Form, als das die Regierungen bzw. die Tourismusverantwortlichen beraten werden, Netzwerke durch internationale Tagungen und Kongresse zu initiieren. Diese gewährleisten einen Informations- und Erfahrungsaustausch; helfen dabei, negative Folgen durch den Tourismus zu beseitigen und liefern belastbare Informationen (über z. B. Marktforschung) für globale Tourismusentwicklung und Touristenströme. In besonderen Fällen können diese Organisationen/Institutionen auch konkrete Masterpläne für die Entwicklung einer besonderen Form des Tourismus unter Berücksichtigung regionaler und/oder nationaler Besonderheiten erstellen und die Umsetzung überwachen bzw. begleiten.

Das besondere Problem der internationalen Tourismuspolitik ist, dass sie nur Empfehlungen geben, aber keine direkten steuernden Entscheidungen treffen kann. Entscheidungen sind i. d. R. an die Gesetzgebung und damit an die staatliche (nationale) Ebene gebunden. Ausnahmen gibt es nur in den Fällen, in denen Nationalstaaten auch politische Zuständigkeiten an internationale Gremien abgegeben haben. Dies wäre z. B. in der EU möglich, wird dort aber bisher nicht ausreichend bzw. gar nicht genutzt. Auf internationaler Ebene wird die Tourismuspolitik einerseits von *internationalen Organisationen und Institutionen*, aber auch von *internationalen Fach- und Dachverbänden* wahrgenommen.

2.4.1 Internationale Organisationen/Institutionen

Zu den wichtigsten internationalen Organisationen/Institutionen zählen:

internationale Tourismuspolitik	
internationale Organisationen/ Institutionen	**internationale Dach- und Fachverbände**
• World Tourism Organization • World Travel & Tourism Council • Organisation for Economic Co-operation and Development • European Union • Baltic Sea Tourism Commission	• International Air Transport Association • International Hotel & Restaurant Association • Fédération Mondiale du Thermalisme et du Climatisme • United Federation of Travel Agents' Associations • International Road Union • Association Internationale d´Experts Scientifiques du Tourisme • Pacific Asia Travel Association • American Society of Travel Agents • Association Internationale de Professionnels du Tourisme • International Air Carrier Association • Association of European Airlines

Abb. 2.4   *Internationale Tourismuspolitik*

UNWTO – World Tourism Organization

Die Welttourismusorganisation (UNWTO) ist eine Sonderorganisation der Vereinten Nationen (UN) mit Sitz in Madrid (Spanien). Sie ist mit rund 100 Mitarbeitern die kleinste Sonderorganisation der Vereinten Nationen. Die UNWTO, verstanden als internationales Forum für Tourismuspolitik und Fokalstelle für intergovermentale Kommunikation, verfolgt das Ziel der Entwicklung eines verantwortlichen, nachhaltigen und universell zugänglichen Tourismus, um zur ökonomischen Entwicklung, internationaler Verständigung, Frieden, Wohlstand und Einhaltung der Menschenrechte beizutragen. Schwerpunkt ist die Forcierung des Tourismus in Entwicklungsländern, unter Berücksichtigung der Millenniums-Entwicklungsziele, nachhaltiger Entwicklungskonzepte und dem Globalen Kodex für Ethik im Tourismus. Die bekanntesten Veröffentlichungen sind die jährlichen Tourismusstatistiken, die den grenzüberschreitenden internationalen Tourismus abbilden. Hierzu begleitend strebt die UNWTO eine Harmonisierung der internationalen Tourismusstatistiken an. Die UNWTO-Empfehlungen dienen beispielsweise als Grundlage für die Statistiken der OECD und der EU. Bedeutend sind zudem die UNWTO-Aktivitäten im Rahmen des Projektes *Sustainable Tourism for Eliminating Poverty* (ST-EP), das auf eine Initiative zur Armutsbekämpfung durch Tourismus im Rahmen des Weltgipfels für Nachhaltige Entwicklung in Johannesburg im Jahre 2002 zurückgeht.

The World Tourism Organization (UNWTO) is a specialized agency of the United Nations and the leading international organization in the field of tourism. It serves as a global forum for tourism policy issues and a practical source of tourism know-how.

UNWTO plays a central and decisive role in promoting the development of responsible, sustainable and universally accessible tourism, paying particular attention to the interests of developing countries.

The Organization encourages the implementation of the Global Code of Ethics for Tourism, with a view to ensuring that member countries, tourist destinations and businesses maximize the positive economic, social and cultural effects of tourism and fully reap its benefits, while minimizing its negative social and environmental impacts. Its membership includes 161 countries and territories and more than 370 Affiliate Members representing the private sector, educational institutions, tourism associations and local tourism authorities.

Direct actions that strengthen and support the efforts of National Tourism Administrations are carried out by UNWTO's regional representatives (Africa, the Americas, East Asia and the Pacific, Europe, the Middle East and South Asia) based at the Headquarters in Madrid.

UNWTO is committed to the United Nations Millennium Development Goals, geared toward reducing poverty and fostering sustainable development.

Current developments & forecasts: Worldwide arrivals reached 842 million in 2006, representing a 4.6% year on year growth; 2007 looks set to be the fourth consecutive year of sustained growth for a global tourism industry that continues to show its resilience to any natural or man-made crises; UNWTO predicts a 4% growth of international tourist arrivals in 2007, in line with its long-term forecast growth rate through to 2020 of 4.1%; By 2020 international arrivals are expected to surpass 1.5 billion people. (*UNWTO 2012*)

Die UNWTO ist die wichtigste internationale Organisation, in der Staaten bzw. staatliche Tourismusorganisationen Mitglieder sind. Ihr Hauptziel ist die Unterstützung der Staaten bei der ökonomischen Entwicklung des Tourismus und bei der Minimierung negativer ökologischer und sozialer Auswirkungen.

WTTC – World Travel & Tourism Council
Der WTTC ist die wichtigste internationale Organisation touristischer Unternehmen mit Sitz in London. Die Ziele der Organisation liegen vordergründig in der Gestaltung der Marktbedingungen für Tourismus bei gleichzeitiger Verantwortung der Tourismuswirtschaft gegenüber allen übrigen Umfeldbereichen.

The World Travel & Tourism Council (WTTC) is the forum for business leaders in the Travel & Tourism industry. With Chief Executives of some one hundred of the world's leading Travel & Tourism companies as its Members, WTTC has a unique mandate and overview on all matters related to Travel & Tourism. WTTC works to raise awareness of Travel & Tourism as one of the world's largest industries, employing approximately 231 million people and generating over 10.4 per cent of world GDP. (*WTTC 2012*)

OECD – Organisation for Economic Co-operation and Development

Die Organisation für wirtschaftliche Zusammenarbeit und Entwicklung ist eine internationale Organisation mit ca. 30 Mitgliedsländern, die sich der Demokratie und Marktwirtschaft verpflichtet fühlen. Die meisten OECD-Mitglieder gehören zu den Ländern mit hohem Pro-Kopf-Einkommen und gelten als entwickelte Länder. Sitz der Organisation ist Paris. Die OECD beschäftigt sich nur in einer Unterstruktur mit dem Thema Tourismus. Dieses Direktorat (Directorate Science, Technology & Industry – STI) versteht sich vor allem als Beobachter von Veränderungen in der Politik sowie als Unterstützer für nachhaltige ökonomische Tourismusentwicklung.

Our mission is to provide governments with the analytical basis for policy formulation and advice on the scientific, technological and industrial environment and its relation to growth, employment and well-being.
Tourism, an important economic activity, is an area of public policy in most OECD countries. The Tourism Committee acts as a forum of exchange for monitoring policies and structural changes affecting the development of international tourism and promotes a sustainable economic growth of tourism. The mandate of the Tourism Committee highlights the main missions of the OECD in the field of tourism.
"Whole of government" approach needed to ensure competitiveness and sustainability in tourism, says OECD (10-Oct-2008)
Governments need to put in place comprehensive strategies to make their tourism industries more competitive and work with industry and regional and local authorities to promote sustainable tourism development. This was the message from a High-level OECD Committee meeting on Tourism in Italy on 9-10 October 2008 involving ministers and industry experts from 27 OECD countries and 12 non-member countries. (*OECD 2012*)

EU – European Union

Die Europäische Union (EU) ist ein aus 27 europäischen Staaten bestehender Staatenverbund. Die Bevölkerung in den Ländern der EU umfasst derzeit rund eine halbe Milliarde Einwohner. Gemeinsam erwirtschaften die Mitgliedstaaten im Europäischen Binnenmarkt das größte Bruttoinlandsprodukt der Welt. Die Europäische Union beschäftigt sich nur in einer Unterstruktur (Direktion D – Dienstleistungen, Handel, Tourismus, elektronischer Geldverkehr und IDA, Referat D.3: Fremdenverkehr) direkt mit den Belangen des Tourismus. Das Hauptziel dieses Referates ist die Verbesserung der Qualität, der Wettbewerbsfähigkeit und der Nachhaltigkeit des europäischen Tourismus. Seitens der EU gibt es keine eigenständige und spezifische Tourismuspolitik, vielmehr existieren unterschiedliche Programme und Maßnahmen, die den Tourismus entweder direkt oder über seine Rahmenbedingungen unterstützen und beeinflussen.

BTC – The Baltic Sea Tourism Commission
Die BTC ist eine Non-Profit-Organisation mit ca. 80 Mitgliedern aus dem „baltischen Raum". Ziel der BTC ist die Vermarktung des Baltikums.

BTC is a networking marketing association with the aim to promote tourism to the Baltic Sea region. Our main markets are North America, Asia and Spain and our main activities consist of: press- and fam trips, annual tourism conference, participation in tourism related projects, representation of tourism industry towards political decisionmakers, cooperation with other Baltic Sea organisations and tourism information.

2.4.2   Internationale Dach- und Fachverbände

Internationale Dach- und Fachverbände sind Zusammenschlüsse von Unternehmen, Organisationen und Personen, die international tätig sind. Sie beeinflussen über ihre öffentliche Interessensvertretung und ihre ökonomische Bedeutung sowohl die internationale als auch die nationale Tourismuspolitik. Die internationalen Dach- und Fachverbände haben zum Ziel, zwischen ihren Mitgliedern den Erfahrungsaustausch und die Kooperation zu fördern, die Aktivitäten der jeweiligen Branche oder der jeweiligen Segmente zu professionalisieren und Hilfe zu bieten, um die Interessen der Mitglieder gegenüber der Politik in den Herkunftsländern der Mitglieder zu vertreten. Zu den wichtigsten internationalen Organisationen/Institutionen zählen:

IATA – International Air Transport Association
Die IATA ist der Weltverband der Unternehmen des kommerziellen zivilen Passagier- und Fracht-Luftverkehrs (i. d. R. Fluggesellschaften) mit Sitz in Montreal. Die ständigen Ausschüsse der IATA sind: Legal, Financial, Technical und Traffic Committee (*Schroeder 2002*). Die IATA versucht, die Prozesse im Luftfahrtgeschäft zu vereinfachen. Dies betrifft z. B. die Vereinheitlichung der Beförderungsdokumente und der Gepäckbeförderung. Darüber hinaus ist eine Nebenstelle der IATA in Genf mit der Abrechnung und der Überwachung der Interline-Abkommen zwischen den Fluggesellschaften betraut. Weitere Tätigkeiten im Dienste ihrer Mitglieder sind:
• Bereitstellung von Daten und Informationen, die als Entscheidungsgrundlage sowohl für die Mitglieder als auch für die nationalen Regierungen dienen;
• für die Luftfahrtunternehmen erstellt sie anonymisierte Statistiken, damit sie sich mit anderen Marktteilnehmern messen können;
• Definition und Überwachung von Sicherheitsstandards, die für alle Mitglieder bindend sind;
• Unterstützung für Startup-Airlines, Behörden, Flughäfen u. a.

Die IATA finanziert sich nicht nur durch Mitgliedsbeiträge, sondern auch durch den Verkauf von Dienstleistungen, Handbüchern und Datenmaterial.

IH&RA – International Hotel & Restaurant Association

Der Weltverband des Hotel- und Gaststättengewerbes, im Jahr 1997 aus der 1946 gegründeten IHA (International Hotel Association) hervorgegangen, mit derzeitigem Sitz in Genf, stellt die einzige globale Organisation zur Interessenvertretung der Hotel- und Gaststättenindustrie dar. Die gemeinnützige Organisation repräsentiert ca. 750.000 Einrichtungen in mehr als 150 Ländern und macht sich für über ca. 300.000 Hotels und 8 Mio. Gaststätten weltweit stark. Mitglieder der IH&RA sind nationale Hotel- und Gaststättenverbände, internationale und nationale Hotel- und Gaststättenketten und deren dazugehörige Hotels und Gaststätten, Bildungseinrichtungen und andere Träger oder Versorger dieser Industrie. Die IH&RA ist somit ein Gesamtnetzwerk der unabhängigen und Kettenoperatoren in der Hotel- und Gaststättenindustrie. Derzeit sind weder der DEHOGA Bundesverband noch der Hotelverband Deutschland (IHA) Mitglied in der IH&RA. Ziel der von der UNO anerkannten Organisation ist es, die Gegenwart und Zukunft des Gastgewerbes zu sichern und dessen Ansehen zu fördern. Sie schützt, fördert und informiert ihre Mitglieder, um sie bei der Erreichung ihrer Zielsetzungen zu unterstützen. Dazu organisiert sie internationale Kongresse und vertritt die Interessen der Mitglieder auch im politischen Bereich.

FEMTEC – Fédération Mondiale du Thermalisme et du Climatisme
(World Federation of Hydrotherapy and Climatotherapy)

Diese gesundheitspolitische Interessensvertretung im Bereich des Kur- und Bäderwesens, gegründet 1947 vertritt die Interessen der öffentlichen und privaten Heilbäder seiner Mitgliedsländer. Der Verband vermarktet die Heilbäder, kooperiert mit wissenschaftlichen Instituten, privaten Organisationen sowie mit dem Gesundheitsministerium der Länder seiner Mitglieder. Ziel der Organisation ist es, jedem Bürger einen Aufenthalt in einem öffentlichen oder privaten Heilbad zu ermöglichen.

UFTAA – United Federation of Travel Agents' Associations

Die UFTAA ist eine internationale Vereinigung von Reisemittlern, Reiseveranstaltern sowie deren nationalen Dachverbänden mit Sitz in Brüssel. Sie versteht sich als „globaler" Interessensvertreter der Tourismusindustrie gegenüber den Einzelleistungsträgern und den Regierungen.

IRU – International Road Union

Die internationale Vereinigung der Straßenbeförderungsunternehmen (i. d. R. Bus- und Verkehrsunternehmen) wurde 1948 als internationale Vereinigung der nationalen Straßentransportverbände mit Sitz in Genf gegründet. Sie vertritt die Interessen der Straßentransportunternehmen und strebt speziell die Vereinheitlichung von Frachtbriefen, Zollbestimmungen und die Harmonisierung der Wettbewerbsbedingungen an.

AIEST – Association Internationale d'Experts Scientifiques du Tourisme

Es handelt sich hierbei um eine internationale Organisation/Zusammenschluss von Personen und Institutionen aus dem Bereich der touristisch relevanten Wissenschaften. Die 1951 gegründete AIEST, mit Sitz in St. Gallen, ist eine Wissenschaftsorganisation des Tourismus. Sie hat ca. 350 Mitglieder in 44 Ländern auf allen Kontinenten. Sie ist interdisziplinär ausgerichtet und nimmt Ökonomen, Betriebswissenschaftler, Geographen, Soziologen oder Naturwissenschaftler auf. Sie agiert mehrsprachig; es wird auf Englisch, Französisch und Deutsch sowie nach Bedarf in anderen Sprachen publiziert und gesprochen. Der Zweck der AIEST ist die Pflege der kollegialen und freundschaftlichen Beziehungen unter den Mitgliedern; die Förderung der wissenschaftlichen Tätigkeit ihrer Mitglieder, namentlich durch Anbahnung von persönlichen Verbindungen, durch Erleichterung der Beschaffung von Dokumentation sowie durch Vermittlung eines Meinungs- und Erfahrungsaustausches; die Unterstützung der Tätigkeit wissenschaftlicher Fremdenverkehrsinstitute oder sonstiger Forschungsund Ausbildungsstellen im Fremdenverkehr sowie die Entwicklung der Verbindungen zwischen ihnen und der Beziehung zwischen ihnen und den Mitgliedern der Vereinigung; die Durchführung von Kongressen und sonstigen Tagungen und Kursen wissenschaftlich-touristischer Art sowie die Mitwirkung an solchen. Die AIEST ist damit der internationale Katalysator der wissenschaftlichen Aktivitäten im Bereich des Fremdenverkehrs. Sie betreibt nicht selbst touristische Forschung und Ausbildung, fördert diese aber nach Kräften im Rahmen der Möglichkeiten und der bestehenden Institutionen (*AIEST 2012, Bütow 2006*).

PATA – Pacific Asia Travel Association
Die Pacific Asia Travel Association, kurz PATA, ist eine gemeinnützige Organisation, die 1952 in Honolulu/Hawaii gegründet wurde. Ziel und Aufgabe ist es, den Tourismus nach, in und von der asiatisch-pazifischen Region zu fördern. Der Zweck des Vereins ist die Förderung des Interesses an der pazifisch-asiatischen Region als einem Erholungsraum und die Entwicklung, Unterstützung und Erleichterung des Reiseverkehrs zu und innerhalb der pazifisch-asiatischen Region, und zwar unter besonderer Berücksichtigung der Gebiete und Länder, die zu den sog. Entwicklungsbzw. Transformationsländern gehören und sich eine ausreichende Touristikwerbung in Mitteleuropa, speziell in Deutschland, nicht leisten können. Mitglieder sind ca. 40 Staaten Asiens und des pazifischen Raums sowie wichtige Destinationen des weltweiten Tourismus. Diese hatten der Gründungsidee von einst globale Bedeutung verschafft: 81 Körperschaften auf Regierungs-, Länder- und Städteebene sowie weit mehr als 2.000 Unternehmen der Luft- und Schifffahrt, Hotellerie, Reiseveranstaltung und Reisevermittlung machen PATA zu einer der führenden Organisationen weltweit. Heute unterstützen etwa 17.000 Tourismus-Fachleute weltweit die Ziele und Ideale der Pacific Asia Travel Association. 78 Chapters in 43 Ländern sammeln, bündeln und kanalisieren dieses wahrhaft globale Know-how. Die ursprünglich in San Francisco eingerichtete Hauptverwaltung ist mittlerweile in Bangkok stationiert. Neben Regionalbüros in Singapur, Sydney und Tokio, die für den Raum Asien/Pazifik zuständig sind, ist das für Europa verantwortliche Regionalbüro in Bad Vilbel bei Frankfurt am Main (www.pata.org) angesiedelt. Der PATA Deutschland e. V. ist in Frankfurt am Main registriert und wird durch das PATA-Sekretariat in Mainz betreut.

ASTA – American Society of Travel Agents
Die internationale Vereinigung der Reisemittler aus allen drei Amerikas, gegründet 1931 als American Steamship and Tourist Agents Association, hat ihren Sitz in Washington DC (*BÜTOW 2006, SCHROEDER 2002, TID 2010*).

ASTA, short for the American Society of Travel Agents, is the world's largest association of travel professionals. Our members include travel agents and the companies whose products they sell such as tours, cruises, hotels, car rentals, etc. We are the leading advocate for travel agents, the travel industry and the traveling public.

ASTA's (American Society of Travel Agents) mission is to facilitate the business of selling travel through effective representation, shared knowledge and the enhancement of professionalism.

ASTA (American Society of Travel Agents) is the world's largest association of travel professionals. The mission of ASTA and its affiliated organizations is to facilitate the business of selling travel through effective representation, shared knowledge and the enhancement of professionalism. ASTA seeks a retail travel marketplace that is profitable, growing and a rewarding place to work, invest and do business. Founded in 1931 as the American Steamship and Tourist Agents' Association, ASTA and its affiliates now comprise the world's largest and most influential travel trade association with members in 140 countries. As the world's largest travel trade association, our work encompasses every aspect of the travel experience. (*ASTA 2012*)

Skål – Association Internationale de Professionnels du Tourisme

Skål International München e. V., Wirtschaftsclub für Tourismus, Mitglied im Skål International Deutschland, Vereinigung deutscher Wirtschaftsclubs für Tourismus, ist eine internationale Vereinigung von Führungskräften aller touristischen Berufe, mit dem Ziel, Freundschaft und Zusammenarbeit von Führungskräften aller touristischen Berufe und aus allen touristischen Bereichen zu fördern.

„Skål International ist ein weltweites Netzwerk von Personen, die in der Tourismuswirtschaft Verantwortung tragen und auf der Basis von Freundschaft miteinander geschäftlich in Verbindung stehen. Skål-Mitglieder setzen sich für Frieden und Völkerverständigung ein. Sie engagieren sich für eine nachhaltige Entwicklung des Tourismus auf betrieblicher, lokaler, nationaler undinternationaler Ebene." (*Skål 2013*)

Skål bietet jedem Mitglied die Teilnahme im einzigen weltweiten branchenübergreifenden Zusammenschluss von Menschen, die in der Tourismuswirtschaft Verantwortung tragen, eine Einbindung in einen internationalen Kontext (Skål International und damit mittelbar jedes Mitglied ist Mitglied der World Tourism Organisation der Vereinten Nationen), ein Forum des Engagements (Grundlage der weltweiten Skål-Bewegung ist der Gedanke der Völkerverständigung, der 1932 den Impuls zur Gründung gab). Mitglieder finden in Skål ein Forum, sich für dieses weiterhin höchst wichtige Ziel zu engagieren.

IACA – The International Air Carrier Association

Die IACA ist ein internationaler Dachverband der Bedarfsfluggesellschaften mit dem Ziel der gemeinsamen Interessenvertretung zur Sicherstellung der Belange des Ferienflugverkehrs gegenüber den europäischen Behörden.

IACA represents 34 airlines operating over 750 state-of-the-art, environmentally efficient aircraft and directly employing more than 50,000 people. Each year IACA members transport over 100 million passengers to 650 holiday destinations worldwide.

IACA is the recognised voice of leisure carriers. IACA actively cooperates with international institutions, national authorities and airport authorities in order to ensure that the specific needs of leisure airlines are taken into consideration.

Mission Statement:

To promote the common interests of its member airlines and development of air transport and tourism;

To cooperate with all stakeholders in aviation in the promotion of a safe and efficient air transport system to benefit the consumer;

To facilitate communication and cooperation amongst member airlines and between such members and the international aviation community;

To represent IACA members' interests in consultation with international authorities and organizations involved in air transport, such as institutions of the EU, the European Civil Aviation Conference (ECAC), the International Civil Aviation Organisation (ICAO), the Joint Aviation Authorities (JAA), European Aviation Safety Agency (EASA), and EUROCONTROL. (*IACA 2012*)

AEA – Association of European Airlines
Bei den AEA handelt es sich um einen internationalen Zusammenschluss europäischer Luftverkehrsgesellschaften, der seine Mitglieder gegenüber den supranationalen Organisationen vertritt.

The Association of European Airlines brings together 34 major airlines, and has been the voice of the European airline industry for over 50 years. Based on its extensive knowledge of the industry and its far-reaching networks, AEA is an essential platform for industry, and is relied upon by policy-makers and the media as a trustworthy contributor to the debates around the decision-making process.

AEA works in partnership with the institutions of the European Union and other stakeholders in the value chain, to ensure the sustainable growth of the European airline industry in a global context. (*AEA 2012*)

2.5   Nationale Tourismuspolitik

Tourismuspolitik ist ein integraler Bestandteil der Wirtschaftspolitik der Bundesregierung. Aufgabe der Bundesregierung ist es, auch in der Tourismuspolitik die unternehmerische Eigenverantwortung zu stärken und durch die Verbesserung der Rahmenbedingungen die Wettbewerbsfähigkeit der Unternehmen zu erhöhen. Dazu gehört im Rahmen der föderalen Zuständigkeiten gemeinsam mit den Ländern und Kommunen die Bereitstellung der notwendigen Infrastruktur für den Tourismus. In Deutschland liegt die Tourismuspolitik nach der föderalen Ordnung der Verfassung generell in der Verantwortung und Zuständigkeiten der (Bundes-)Länder; i. d. R.

angebunden an die Wirtschaftsministerien der (Bundes-)Länder. Durch den Quer-
schnittscharakter des Tourismus berührt sie in vielen Einzelfragen auch die Zustän-
digkeitsbereiche anderer Ressorts.

2.5.1   Staatliche Tourismuspolitik

Die staatlichen Akteure der Tourismuspolitik in Deutschland sind die Parteien (jede
Partei benennt eine Tourismussprecher/in), die Bundes- und Landesministerien, die
Tourismusreferenten der Bundesländer, der tourismuspolitische Sprecher der Bundesregierung sowie die Vertretungen der Europäischen Kommission in der Bundesrepublik Deutschland.

Bundesministerium für Wirtschaft und Technologie	federführende Kompetenz für die Tourismuspolitik der Bundesregierung liegt beim Bundesministerium für Wirtschaft und Technologie, im Referat Tourismus
Bundesministerium für Verkehr, Bau und Stadtentwicklung	Koordinierung internationaler und nationaler Fragen des Tourismus für den Verkehrsbereich und Raumord- nung
Bundesministerium der Justiz	zuständig u. a. für Fragen des Schuldrecht, u. a. Reise- vertragsrecht und Verbraucherschutz im Vertragsrecht, Internationale Abkommen
Auswärtiges Amt	Herausgabe aktueller Länderinformationen, Reise- und Sicherheitshinweise, medizinische Empfehlungen, Reisewarnungen
Bundesministerium für, Ernährung, Landwirt- schaft und Verbrau- cherschutz	allgemeine und besondere Angelegenheiten der gesell- schaftlichen Entwicklung, auch Natur- und Land- schaftsschutz, Nachhaltigkeit im Tourismus, Förde- rung des Landurlaubs
Bundesministerium für Bildung und Forschung	Fragen der Aus-, Fort- und Weiterbildung im Touris- mus, Tourismusforschung
Bundesministerium des Innern	Ein- und Ausreiseregelungen, Arbeits- und Erholungs- verordnung, Tourismusstatistiken
Bundesministerium für Umwelt, Naturschutz und Reaktorsicherheit	Natur- und Landschaftsschutz, Nachhaltigkeit im Tou- rismus, Agenda 21; im Rahmen der Politik für die ländlichen Räume er- folgt u. a. eine Förderung des Ländlichen Tourismus, sie ist ein wichtiger Bestandteil der Agrarpolitik, das agrarpolitische Förderinstrument bildet der Rahmen- plan für die „Gemeinschaftsaufgabe zur Verbesserung der Agrarstruktur und des Küstenschutzes" (GAK)
Referenten für Touris- mus der Bundesländer	jedes Land benennt einen Referenten (meist im Rang eines Ministerialrates, i. d. R. bei den jeweiligen Mi- nisterien für Wirtschaft, Infrastruktur, Verkehr ange- siedelt) für Tourismusfragen

Vertretungen der EU in Deutschland	Berlin, München, Bonn für Tourismus zuständig: Direktion D (Dienstleistung), Direktion E (Landverkehr), Direktion F (Luftverkehr), Direktion G (Seeverkehr)

Abb. 2.5   *Akteure der Tourismuspolitik in Deutschland*

In Ermangelung einer höheren administrativen Einordnung wie in anderen Ländern, wird die deutsche Tourismuspolitik übergreifend durch folgende drei Gremien unterstützt (*Bütow 2006*):

„Ausschuss für Tourismus" des Deutschen Bundestages	parlamentarischer Vollausschuss, in dem durch die Experten der Fraktionen Verhandlungen im Bundestag zur jeweiligen Thematik vorbereitet und z. B. auch Gesetzesentwürfe diskutiert werden
„Bund-Länder-Ausschuss Tourismus"	Ausschuss, der die gegenseitige Unterrichtung und Koordinierung tourismuspolitischen Aktivitäten zwischen den zuständigen Ministerien von Bund und Länder vornimmt
„Beirat für Fragen des Tourismus beim Bundesministerium für Wirtschaft"	unterstützt den jeweiligen Bundesminister in Fragen der Tourismuspolitik und dient der Zusammenführung der Interessen von Politik, Wirtschaft, Wissenschaft, kommunalen Gremien und tourismuspolitischen Verbänden

Abb. 2.6   *Gremien der Tourismuspolitik in Deutschland*

Zu den wirtschaftspolitischen Gestaltungsfeldern, die die Tourismuswirtschaft maßgeblich beeinflussen, zählen neben der Steuerpolitik und Arbeitsmarktpolitik vor allem die Maßnahmen der allgemeinen Mittelstandspolitik der Bundesregierung. Folgende fünf grundlegende Ziele der Tourismuspolitik hat die Bundesregierung (bereits 1994) formuliert:

- Sicherung der für eine kontinuierliche Entwicklung im Tourismus erforderlichen Rahmenbedingungen;
- Steigerung der Leistungs- und Wettbewerbsfähigkeit der deutschen Fremdenverkehrswirtschaft (heute eher Tourismuswirtschaft);
- Verbesserung der Möglichkeiten für die Teilnahme breiter Bevölkerungsschichten am Tourismus;
- Ausbau der internationalen Zusammenarbeit im Tourismus;
- Erhaltung von Umwelt, Natur und Landschaft als Grundlage des Tourismus.

2.5.2 Nicht-staatliche Träger der nationalen Tourismuspolitik

Auf nationaler Ebene wird Tourismuspolitik darüber hinaus von Dach- und Fachverbänden, aber auch von Vereinigungen und Interessensvertretungen getragen bzw.
unterstützt, aber auch stark beeinflusst. Nachfolgend werden einige wichtige Dach-
und Fachverbände sowie Vereinigungen und Interessensvertretungen genannt (*Bütow
2006, Schroeder 2002*):

DZT – Deutsche Zentrale für Tourismus e. V.
Die DZT wirbt für Deutschland als Urlaubsland sowie als Messe-, Tagungs-, Kon-
gress- und Konferenzstandort im Ausland. Seit 1999 ist die DZT auch für überregio-
nales Inlandsmarketing zuständig, sie setzt sich aus derzeit 49 Mitgliedern aus den
Bereichen Touristische Unternehmen, Landesorganisationen und Verbände zusammen. Ziele der DZT sind u. a. die Steigerung des Reiseaufkommens und Erhöhung
der Deviseneinnahmen, die Stärkung des Wirtschaftsfaktors Tourismus, die Erhaltung
und Schaffung von Arbeitsplätzen, die Positionierung Deutschlands als vielfältiges
und attraktives Reiseland, die Darstellung kultureller Werte im In- und Ausland, die
Beratung bei der Aufarbeitung touristischer Produkte im Inland und das Marketing
und der Vertrieb in den wichtigsten ausländischen Märkten. Die DZT sieht sich eher
in der Tradition eines „Umsetzungsorgans" für Tourismuspolitik und wird dabei vom
BTW, DZT und von Fachverbänden unterstützt. Speziell der Tourismuswirtschaft
kommen die im Bundeshaushalt vorgesehenen Mittel für die DZT und die Mittel zur
Förderung der Leistungssteigerung im Tourismusgewerbe zugute. Die Zuwendungen
an die DZT dienen der Präsentation Deutschlands als Urlaubs- und Reiseland im
Ausland. Diese Form des Marketings ist angesichts des internationalen Wettbewerbs
erforderlich, weil die klein strukturierten Marktteilnehmer in Deutschland diese Aufgabe aus eigener Kraft nicht leisten können. Die Finanzmittel wurden in den vergangenen Jahren kontinuierlich aufgestockt.

DTV – Deutscher Tourismusverband e. V.
Der DTV ist eine Interessensvertretung des öffentlichen Tourismus auf nationaler
Ebene. Im DTV sind die touristischen Organisationen aus den Bundesländern organisiert. Fördernde Mitglieder wie z. B. der ADAC oder die Deutsche Bahn AG unterstützen die Arbeit gegenüber den politischen Entscheidungsträgern auf Bundes- und
europäischer Ebene, Der DTV sieht sich als politischer Vertreter seiner Mitglieder
beim Bund und bei der EU, als Dienstleister für die Mitglieder und alle Interessierten,
als Qualitätsmanager für touristische Einrichtungen und Angebote (z. B. TIN, AGBs,
Klassifizierungen und Standards), als Koordinator und Initiator von Aus-, Fort- und
Weiterbildungsmaßnahmen und als Innovations- und Kompetenzzentrum für den
Deutschlandtourismus.

BTW – Bundesverband der Deutschen Tourismuswirtschaft e. V.
Der BTW ist der unternehmerisch ausgerichtete Dachverband, der den Tourismus-
standort Deutschland stärken, Steuerlasten senken, Mobilität zukunftsfähig gestalten,
Subsidiarität in Europa wahrnehmen und Nachhaltigkeit fördern soll. Seit 2003 ist der

BTW Mitglied im BDI (Bundesverband der Deutschen Industrie) und seit 2002 ist der DTV Mitglied im BTW.

DSFT – Deutsches Seminar für Tourismus e. V.
Das DSFT, die zentrale Weiterbildungseinrichtung der deutschen Tourismuswirt-schaft, bietet jährlich etwa 150 ein- und mehrtägige Seminare mit einem breiten The-menspektrum an. Die der Förderung der Steigerung der Leistungs- und Wettbewerbs-fähigkeit der deutschen Tourismuswirtschaft dienenden Haushaltsmittel werden schwerpunktmäßig für die Förderung von Fortbildungskursen des DSFT eingesetzt. Darüber hinaus werden Vorhaben der Marktbeobachtung, der Qualitätssteigerung von Produkten und der Absatzförderung unterstützt. Sie dienen der Stärkung der einzelbe-trieblichen Leistungsfähigkeit und einer umweltverträglichen Entwicklung des Tou-rismus. Insbesondere werden spezifische Vermarktungshilfen für innovative Produkte und Projekte zur Qualitätssteigerung im Tourismus (z. B. Kinder- und Jugendreisen, umweltverträgliche Reiseformen sowie barrierefreier Tourismus) unterstützt. Den besonderen Belangen der neuen (Bundes-)Länder wird dabei Rechnung getragen.

Weitere Organisationen, Verbände, Vereinigungen und Interessensvertretungen neh-men über verschiedene Wege, Methoden und Instrumente Einfluss auf die touristische Entwicklung.

Organisationen & Verbände	Vereinigungen & Interessensvertretungen
DRV Deutscher ReiseVerband	**DANTE** Die Arbeitsgemeinschaft für Nachhaltige Tourismusentwicklung
asr Allianz selbständiger Reiseunternehmer – Bundesverband e. V.	
Deutscher Kur- und Heilbäderverband	**Studienkreis für Tourismus und Entwicklung**
VDR Verband Deutsches Reisemanagement	**forum anders reisen**
VPR Verband der Paketreiseveranstalter International	**Bundesforum Kinder- und Jugendreisen**
DeHoGa Deutscher Hotel und Gaststättenverband	**BRAG** Bundesverband der Reiseleiter, Animateure und Gästeführer
IHA Hotelverband Deutschland	
BVCD Bundesverband der Campingwirtschaft in Deutschland	**Deutscher Wanderverband**
	DGfR Deutsche Gesellschaft für Reiserecht
DJH Deutsches Jugendherbergswerk	
AUMA Ausstellungs- und Messe-Ausschuss der Deutschen Wirtschaft	**Gate** Gemeinsamer Arbeitskreis Tourismus und Ethnologie
	Touristik Arbeitsgemeinschaft Deutsche Alpenstraße
gbk Gütegemeinschaft Buskomfort	
BDO Bundesverband Deutscher Omnibusunternehmer	**VDRJ** Vereinigung Deutscher Reisejournalisten
RDA Internationaler Bustouristik Verband	**Verein der Touristikfachwirte**
	Willy Scharnow-Stiftung für Touristik
ADFC Allgemeiner Deutscher Fahrrad-Club	
	AAC Arbeitskreis Aktiver Counter
ADL Arbeitsgemeinschaft Deutscher Luftfahrt-Unternehmen	**ARA** Antirassistischer Arbeitskreis
ADV Arbeitsgemeinschaft Deutscher Verkehrsflughäfen	**Arbeitsgemeinschaft Karibik** (ebenso Arbeitsgemeinschaften für Indien, Lateinamerika, Jemen u. a.)
BVML Bundesverband mittelständischer Luftfahrt	**Verkehrsverbände**, z. B. ADAC, ADV
BAV Bundesverband der Autovermieter	**Umweltverbände**, z. B. BUND, DNR, NABU
VFF Verband der Fährschifffahrt & Fährtouristik	**Behindertenverbände Sportverbände**

Abb. 2.7 *Wichtige Organisationen, Verbände, Vereinigungen und Interessensvertretungen in Deutschland*

2.6 Regionale und Kommunale Tourismuspolitik

Auf regionaler Ebene sind die Landesverbände und Landesmarketingorganisationen die politischen Interessensvertreter des Tourismus gegenüber der Landes- und Bundesebene und geben den tourismuspolitischen Rahmen innerhalb der Bundesländer vor. Die Tätigkeit bzw. der Zweck der Landestourismusverbände kann gemeinwirtschaftlich (d. h. keine Gewinnerzielung) oder eigenwirtschaftlich (d. h. mit Gewinnerzielung) erfolgen und ist durch die dem Landestourismusverband angefügte Rechtsform (z. B. GmbH oder e. V.) gekennzeichnet. Ziele (Schnittmengen) der Landestourismusverbände können u. a. sein:

• Förderung aller Maßnahmen, die dem Tourismus und der touristischen Infrastruktur dienen;
• Vermarktung der Bundesländer und der touristisch relevanten Regionen im Inland und teilweise im Ausland;
• Bindeglied zwischen den regionalen/lokalen Leistungsträgern, regionalen Verbänden, Dach- und Fachverbänden, politischen Entscheidungsträgern.

Die Organisationsform auf regionaler Ebene ist i. d. R. der Landestourismusverband der Region, der als Dachverband bzw. als Dachorganisation für die Regionalverbände fungiert. Regionalverbände und Regionalmarketingorganisationen sind auf kommunaler Ebene aktiv und entwickeln sich zunehmend vom imagebildenden und politischen hin zu wirtschaftlich (trotz der Rechtsform eines z. B. e. V., denn auch diese dürfen kommerziell tätig sein) ausgerichteten „Destination Management Company", sog. DMCs (*Bütow 2006*). Einen Überblick über Landestourismusverbände und wichtige Regionalmarketingorganisationen bzw. Regionalverbände (RV) gibt nachfolgende Tabelle.

Dachverbände bzw. Dachorganisationen	Regionalverbände (RV)/Regionalmarketingorganisationen
Bayern Tourismus Marketing GmbH Berlin Tourismus Marketing GmbH Tourismus-Marketing Brandenburg GmbH (TMB) – Landestourismusverband Brandenburg e. V. Bremer Touristik Zentrale (BTZ) Hamburg Tourismus GmbH Hessen Agentur (HA) Tourismusverband Mecklenburg-Vorpommern e. V. Tourismus Marketing Niedersachsen GmbH Nordrhein-Westfalen Tourismus e. V.	**Baden Württemberg**: Schwarzwald Tourismus GmbH und weitere zwölf RV **Bayern**: Tourismusverband München & Oberbayern e. V. und weitere zweiunddreißig RV **Brandenburg**: Potsdam Tourismus Service und weitere acht RV **Hessen**: Wiesbaden Congress & Tourist Service und weitere neun RV **Mecklenburg-Vorpommern**: Tourismuszentrale Rostock & Warnemünde und weitere sieben RV **Niedersachsen**: Hannover Tourismus Service und weitere 14 RV

Rheinland-Pfalz Tourismus GmbH/ Tourismus- und Heilbäderverband Rheinland-Pfalz e. V. Tourismus Zentrale Saarland GmbH Tourismus Marketing Gesellschaft Sachsen mbH Landesmarketing Sachsen-Anhalt GmbH Tourismus-Agentur Schleswig Holstein GmbH Thüringer Tourismus GmbH	**Nordrhein-Westfalen**: Köln Tourismus GmbH und weitere 15 RV **Rheinland-Pfalz**: Tourismus & Service GmbH Ahr, Rhein, Eifel und weitere zehn RV **Saarland**: Fremdenverkehrszweckverband Saarpfalz-Touristik und ein weiterer RV **Sachsen**: Dresden-Werbung und Tourismus GmbH und weitere neun RV **Sachsen-Anhalt**: Tourismusverband Sachsen-Anhalt e. V. und weitere vier RV **Schleswig-Holstein**: Tourist Information Kiel e. V. und weitere fünf RV **Thüringen**: Tourismusgesellschaft Erfurt und weitere drei RV

Abb. 2.8 *Landestourismusverbände und wichtige Regionalmarketingorganisationen bzw. Regionalverbände (RV)*

Auf lokaler Ebene spielt sich die Tourismuspolitik im „touristischen Alltag" ab. Die Tätigkeiten liegen somit in der administrativen Tätigkeit (z. B. Tourismus-/Fremdenverkehrsämter, Kurverwaltungen), der öffentlichen und privatrechtlichen Tätigkeit (z. B. Tourismusvereine, Touristinfo), der unternehmerischen/privatrechtlichen Tätigkeit (z. B. Marketinggesellschaften, Einzelbetriebe) sowie der informellen Tätigkeit (z. B. Stammtische) ab. Die Organisations- und Rechtsformen auf lokaler Ebene können sein: Regiebetriebe, Eigenbetriebe, eingetragene Vereine (e. V.) und Gesellschaften mit beschränkter Haftung.

Thesen kommunaler Tourismuspolitik

Der Ausschuss für Wirtschaft, Tourismus und Verkehr des Deutschen Städte- und Gemeindebundes hat im Jahr 2006 im Kontext regionaler und kommunaler Tourismuspolitik fünf „**Thesen kommunaler Tourismuspolitik**" beschlossen. Die Thesen richten sich an alle Städte und Gemeinden in Deutschland und greifen einige Aspekte der Tourismuspolitik auf, die Querverbindungen zur lokalen Politik für den Mittelstand, die regionale Entwicklung und mehr zeigen. Inhaltlich konzentrieren sich die Thesen auf Tagestouristen, die ein unterschätztes Potenzial im Tourismusmarkt darstellen. Tagestouristen generieren bundesweit jährlich Einnahmen von rund 40 Mrd. Euro. Zu ihnen zählen Naherholungssuchende, Ausflügler, Besucher von Verwandten oder Bekannten, oder Menschen, die zu Einkaufs- oder Freizeitzwecken kurzfristig vor Ort sind. Die Beachtung touristischer Aktivitäten dieser Gruppe bzw. Tourismuspolitik in diesem Sinne kann auch für Städte und Gemeinden lohnenswert sein, die nicht ausdrücklich touristisch orientiert sind. Sie kann die wirtschaftliche Entwicklung und die Attraktivität der Gemeinde beeinflussen. Die Thesen kommunaler Tourismuspolitik bringen Feststellungen und grundsätzliche Funktionen zum Tourismus zum Ausdruck, die im Alltag nicht immer mit wünschenswerter Präsenz vorhanden sind. Sie haben für die örtliche Tourismuspolitik lediglich Empfehlungscharakter und müssen vor Ort gegebenenfalls ergänzt, angepasst und zugespitzt werden. Die Thesen zeigen aber auch Problematiken der Tourismusverantwortlichen im regionalen und kommunalen Umfeld auf.

Tagesreisen und Ausflüge sind Tourismus

Tourismus ist ein wirtschaftlicher Querschnittssektor. Die amtliche Statistik erfasst jedoch nur die Beherbergungsstätten mit neun und mehr Betten sowie die Camping-plätze in Deutschland. Oftmals richtet sich die örtliche Tourismuspolitik im Schwer-punkt an Übernachtungsgäste. Damit wird der Tourismus nicht annähernd abgebildet. Die Welttourismusorganisation (WTO) definiert Tourismus weiter: Touristen sind Personen, „die zu Orten außerhalb ihres gewöhnlichen Umfeldes reisen und sich dort für nicht mehr als ein Jahr aufhalten aus Freizeit- oder geschäftlichen Motiven, die nicht mit der Ausübung einer bezahlten Aktivität am besuchten Ort verbunden sind." Damit fallen unter den Tourismusbegriff auch Tagesgäste und Ausflügler. Ausgehend von den Reisezwecken bedeutet die Definition, dass auch Verwandten- oder Freund-schaftsbesuche Tourismus oder Geschäftsreisende Touristen sind. Ausschlaggebend ist, dass eine Ortsveränderung stattgefunden hat, dass die Reisedauer nicht zu einem Daueraufenthalt (z. B. ein Jahr und länger) wird und es sich nicht um Arbeit (z. B. Arbeitsmigration als Erntehelfer) handelt. Tourismus ist demnach kein Thema, wel-ches auf Kur- oder Erholungsorte und Bäder beschränkt ist. Das Einkommen aus dem Tourismus lässt sich gegebenenfalls steigern, wenn die spezifischen Bedürfnisse von Tagesgästen berücksichtigt werden. So könnte die Information über örtliche Veran-staltungen oder die Wegweisung angepasst werden, damit sie von Gästen wahrge-nommen werden, die nur einen Tag oder weniger vor Ort sind.

Tourismus ist Wirtschaftspolitik

Vielfalt ist ein Kennzeichen des Tourismus in Deutschland und Saison ist immer. Ländliche Räume, Städte oder Ballungsgebiete, Küsten, Seen, Flüsse und Berge bie-ten den Rahmen für touristische, kulturelle und sportliche Angebote. Großveranstal-tungen sind ebenso attraktiv wie Möglichkeiten, individuell oder in kleinen Gruppen aktiv zu sein. Städte und Gemeinden sind dadurch in der Lage, ihr touristisches Potenzial weitgehend unabhängig von ihrer geographischen Lage zu entwickeln. Die Vielfalt der Erscheinungsformen von Tourismus muss als Vielfalt von Chancen ver-standen werden. Tourismus ist nicht auf klassische Reisegebiete beschränkt. Der Trend geht zu Kurzurlauben. Ihre Anzahl ist in den letzten Jahren auf über 50 Mio. Urlaube gestiegen. Anlass für Kurzurlaube sind oft kulturelle Events, um die herum weitere Urlaubstage gelegt werden. Besonders Kulturveranstaltungen und das Ein-kaufsbedürfnis von Touristen sind deshalb dafür geeignet, Gäste auch außerhalb der typischen Sommerferienzeit für die Städte zu interessieren. Beispiele wie das Schles-wig-Holstein Musikfestival oder der zunehmende Einkaufs- und Erlebnistourismus zu den Weihnachtsmärkten in Deutschland zeigen, dass es sich nicht um ein großstädti-sches Thema handelt.

Auch die Nachfrage und der Kaufkraftzufluss von Tagesreisenden bzw. Tagesurlau-ber sind ein nicht zu unterschätzender Faktor. Ländlicher Tourismus kann als Marke-tingchance für regionale Produkte („Urlaub zum Mitnehmen") genutzt werden. Durch Tourismus wird Kaufkraft in die Region gelenkt. Eine in Deutschland noch sehr we-nig genutzte Möglichkeit der Vermarktung ist der Schutz von Produkten mit Her-

kunftsbezeichnung. So lag der gesamte Exportwert bayerischer agrar- und ernäh-
rungswirtschaftlicher Güter im Jahr 2006 bei ca. 5 Mrd. Euro. In Italien hingegen lag
der Umsatz allein mit 156 ausgesuchten Produkten mit geschützter Ursprungsbezeichnung oder geschützter geographischer Angabe bei ca. 8 Mrd. Euro. Dass die
Herkunft einen positiven Einfluss auf die Kaufentscheidung von Lebensmitteln hat,
ist auch wissenschaftlich untersucht. Dennoch wird in Deutschland nur für ver-
gleichsweise wenige Produkte eine europäische „geschützte Ursprungsbezeichnung"
oder „geschützte geographische Angabe" beantragt. 2006 gab es lediglich 67 derartige
Produkte. Andere Länder nutzen dieses Instrument erheblich stärker (z. B. Griechen-
land 84, Spanien 97, Frankreich 148, Italien 156, Portugal 93). Produkte mit dem
Zusatz „Garantiert traditionelle Spezialitäten", die sich für eine Vermarktung besonders gut eignen, gibt es überhaupt nicht aus Deutschland!

Mittelstandspolitik

Aus dem tourismuspolitischen Bericht der Bundesregierung ergibt sich, dass 90% der
touristischen Betriebe kleine und mittlere Unternehmen sind, u. a. Beherbergungsbetriebe mit mehr als neun Betten bzw. Campingplätze, eine Vielzahl von gastronomischen Betrieben, Dienstleistern, Kunsthandwerk und Kunstgewerbe, Anlagenbetreiber
und weitere Unternehmen. Gerade im ländlichen und kleinstädtischen Bereich ergeben sich durch den Tourismus auch weitere indirekte wirtschaftliche, vor allem Beschäftigungseffekte. So haben die Halbzeitbewertungen der Entwicklungsprogramme
für ländliche Räume der letzen EU-Förderperiode ergeben, dass in nennenswertem
Umfang Arbeitsplätze im Tourismus bzw. touristischen Einrichtungen entstanden
sind. Durch diese Einrichtungen sind auch Aufträge an die mittelständische Wirtschaft ausgelöst worden. In über 50% der Fälle kamen bei derartigen Aufträgen für
Investitions- oder Erneuerungsmaßnahmen Unternehmen aus der eigenen Gemeinde
bzw. dem eigenen Landkreis zum Zuge. Darüber hinaus tragen touristische Angebote,
Infrastrukturen und Einrichtungen zur Pflege weicher Standortfaktoren im Sinne der
Wirtschaftsförderung bei.

Tourismus schafft Arbeitsplätze!

Inklusive Teil- und Saisonarbeitskräften schafft der Tourismus ca. 3,3 Mio. Arbeitsplätze. Davon entfallen ca. 1,6 Mio. in Städten ab 25.000 Einwohner und mehr. 1,2
Mio. Arbeitsplätze werden in den kleineren Städten und Gemeinden bis 25.000 Einwohnern angeboten. Der Anteil der vom Tourismus abhängigen Arbeitsplätze an der
Gesamtbeschäftigung in Deutschland liegt bei ca. 8% (*DTV 2012*). Zwar sind diese
Angaben nicht unumstritten, weil die Abgrenzung des Tourismus von anderen Bereichen in vielen Bereichen nicht absolut scharf ist, aber es wird deutlich, dass das Volumen nicht unerheblich ist. Unabhängig von der absoluten Anzahl der Arbeitsplätze
kann man feststellen, dass Tourismus eine arbeitsintensive Branche ist. Viele Quali-
tätserlebnisse im Tourismus sind personen- bzw. servicebezogen. Vor allem für Frau-
en und für junge und weniger qualifizierte Menschen schafft die Tourismuswirtschaft
Arbeitsplätze (hoher Anteil an Teilzeitarbeitsverhältnissen, flexible Arbeitsbedingungen). In nennenswertem Maße werden Arbeitsplätze und erreichbare Bildungschancen
für wenig qualifizierte Arbeitnehmer im Servicebereich, der von schulischer Erstaus-
bildung nicht unmittelbar abhängt, geboten. Ein Schwachpunkt ist, dass höher qualifizierte Arbeitnehmer oft leichter in anderen Branchen mit normalen Arbeitszeiten und

manchmal auch besserer Bezahlung Arbeitsplätze finden. Dieses Defizit wird mittlerweile ausgeglichen, seit der Ausbildungsberuf „Kaufmann/-frau für Tourismus und Freizeit" angeboten wird. Ein weiterer Vorteil ist, dass mit relativ begrenztem Aufwand durch Qualifizierungsmaßnahmen im Personalbereich (Freundlichkeit) eine relativ hohe Wertschöpfung erreicht werden kann. Eine optimale Qualifikation wirkt sich langfristig positiv auf die Betriebe aus, weil sie wegen der hohen Personaldichte von der Leistungserbringung ihrer Mitarbeiter stärker abhängig sind als andere Betriebe. Investitionen in das Humankapital steigern die Produktivität und sind Ausgangspunkt für langfristige Wettbewerbsfähigkeit.

▪ Kooperation erforderlich!

Der Gast ist Ausgangspunkt aller touristischen Aktivitäten! Städte und Gemeinden sollten vorbehaltlos prüfen, ob eine überörtliche Zusammenarbeit möglich ist oder ob sie intensiviert werden kann. Zusammenarbeit muss auf allen Ebenen stattfinden: in der Gemeinde mit den Hoteliers, Gastronomen und Veranstaltern; überörtlich gemeinsam mit anderen Gemeinden und Unternehmen für die Region als Destination. Für die regionale Zusammenarbeit und Koordination sind die Anforderungen des Tourismus ausschlaggebend, nicht die Eigenheiten der beteiligten Verwaltungen. Zusammenarbeit schwächt nicht die Erkennbarkeit der Gemeinde, sondern vergrößert die Erkennbarkeit im touristischen Segment. Erst Zusammenarbeit ermöglicht die Ansprache des Gastes. Örtliche Strukturen werden nicht funktionslos, sondern garantieren die Qualität vor Ort. Das Außenmarketing der regionalen Destination muss der regionalen bzw. der Landes- und der Bundesebene überlassen bleiben. Von ausschlaggebender Bedeutung ist das Marketing von Destinationen und touristischen Angeboten innerhalb der Destinationen. Die zunehmende Verbreitung des elektronischen Vertriebsweges vervielfältigt die Informationsquellen. Eine Annäherung ist über die Umsatzentwicklung möglich. Wer alleine vorgeht, muss entweder groß genug sein, um ein eigenes erkennbares Profil zu platzieren, oder sich an ein zugkräftiges Angebot anhängen (z. B. Hotellerie in der Umgebung des Europaparks Rust mit seinem Gästeaufkommen). Beispielhaft für die Konzentrationstendenz im Tourismus ist der Hotel-, Reiseveranstalter- und Reisemittlermarkt. Diese Konzentration hat zu Skalenvorteilen in kooperierenden Unternehmen geführt.

▪ Trends beachten!

Viele Trends brauchen keine spezifischen naturräumlichen Voraussetzungen, sondern Infrastrukturen. Angebote für Wanderurlauber beispielsweise sind nicht so sehr von Mittelgebirgen abhängig, als vielmehr von Wanderwegen und begleitender touristischer Infrastruktur. Die Beschilderung, Ruheplätze und Einkehrmöglichkeiten oder die Erreichbarkeit sind für die Annahme von großer Bedeutung. Das Gleiche gilt in ähnlicher Weise für Wassersport oder für „ursprünglich" regionale Tourismusangebote, die sich durch regionale Produkte auszeichnen. Ein Megatrend, der völlig unabhängig von geographischen Voraussetzungen ist, ist die Barrierefreiheit. Der Anteil alter und sehr alter Menschen wird relativ und absolut größer. Gäste, Einwohner sowie Veranstalter und Gastgeber müssen sich mit Einschränkungen der Beweglichkeit und der Wahrnehmungsfähigkeit auseinandersetzen. Angebote, die bei der Infrastruktur und beim Service erfolgreich auf das Bedürfnis nach Barrierefreiheit eingehen, nutzen die Erfahrung einer anspruchsvollen und erfahrenen Reisendengruppe. Barrierefreiheit herzustellen ist eine Voraussetzung für die Erhöhung der Attraktivität der Gemeinde und die Möglichkeit, das Gästepotenzial auszudehnen.

Wichtige Erkenntnisse 👁

- Tourismuspolitik kann auch als die „Kunst des Machbaren", als ein durchaus pragmatischer Ansatz, verstanden werden, die unterschiedlichen Interessen aller Akteure in Einklang miteinander zu bringen. Ohne sie ist eine zielgerichtete Tourismusentwicklung weltweit nicht möglich.
- Zu den wesentlichen Einflussfaktoren auf den Tourismus und auf die Tourismuswirtschaft gehört der jeweilige gesellschaftlich-politische Rahmen, in dem sich Tourismus entwickeln kann bzw. abspielen muss (Bütow 2006).
- Die mittlerweile sehr starke Verflechtung des Tourismus mit der Umwelt, dem Umfeld sowie mit der Gesellschaft, erfordert eine strukturierte und weitreichende gestaltende Tourismuspolitik.
- Das besondere Problem der internationalen Tourismuspolitik ist, dass sie nur Empfehlungen geben, aber keine direkten steuernden Entscheidungen treffen kann.
- Tourismuspolitik ist integraler Bestandteil der Wirtschaftspolitik der Bundesregierung.

Vertiefungsfragen ❓

? Definieren Sie die Begriffe *Politik* und *Tourismuspolitik* und Zeigen Sie die Zielsetzungen und die Instrumente der Tourismuspolitik auf!

? Welche grundsätzlichen Zielbereiche der Tourismuspolitik können betrachtet werden?

? Welche ökonomischen, sozialen und ökologischen Ziele verfolgt die Tourismuspolitik in Deutschland?

? Zeigen Sie auf, wer auf gesellschaftlicher Ebene die Träger der Tourismuspolitik sind!

? Zeigen Sie die staatlichen Akteure der nationalen Tourismuspolitik in Deutschland auf!

? Welche Aufgaben obliegen dem „Ausschuss für Tourismus" des Deutschen Bundestages?

? Nennen Sie fünf grundlegende Ziele der Tourismuspolitik der Bundesregierung im Rahmen ihrer Mittelstandspolitik!

? Wo findet regionale und kommunale Tourismuspolitik statt? Nennen Sie auch die Akteure!

Literaturhinweise 📖

- Berg, W., Tourismusmanagement, 2. Aufl., Ludwigshafen 2008
- Bieger, T., Management der Destination, 5. Aufl., München 2002
- Eisenstein, B./Rast, C., Wettbewerb der Destination, Fontanari, M. L., Scherhag, K. (Hrsg.), Wiesbaden 2000
- Freyer, W., Tourismus, 10. Aufl., München/Wien 2011
- Haedrich, G./Kaspar, C./Klemm, C./Kreilkamp, E., Tourismus-Management, 3. Aufl., Berlin/New York 1998
- Kaspar, C., Die Fremdenverkehrslehre im Grundriss, 3. Aufl., Bern 1986
- Kaspar, C., Einführung in das Tourismus-Management, Bern 1992

Internetquellen ⟳

- http://www.btw.de/
  BTW - Bundesverband der Deutschen Tourismuswirtschaft e. V.
- http://www.bmvbs.de/
  Bundesministerium für Verkehr, Bau und Stadtentwicklung
- http://www.deutschertourismusverband.de/
  DTV - Deutscher Tourismusverband e. V.
- http://www.deutschland-tourismus.de/
  DZT - Deutsche Zentrale für Tourismus e. V.
- http://europa.eu/index_de.htm
  EU – Europäische Union
- http://www.unwto.org/
  UNWTO/WTO – World Tourism Organization
- http://www.wttc.org/eng
  WTTC – World Travel & Tourism Council

3 Ausgewählte Managementformen im Tourismus

Lernziele ◎

Am Ende dieses Kapitels sollten Sie Folgendes können:

- wichtige unternehmensbezogene und unternehmensübergreifende Managementformen im Tourismus sowie deren Merkmale und Spezifika kennen;
- die Notwendigkeit und die Funktionsweisen einzelner Managementformen für die Praxis erkennen;
- die Sinnhaftigkeit der Einsatzmöglichkeiten einzelner Managementformen beurteilen;
- in der Lage sein, die eine oder andere Managementform in einem touristischen Unternehmen zu implementieren.

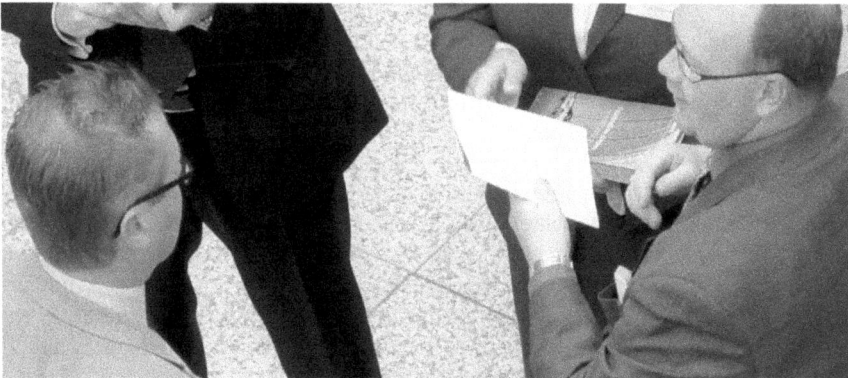

Kommunikation – wichtigstes Instrument des Managements

3.1 Grundlagen des Managements

„Das Haus wird Stein für Stein abgetragen, um es dann wieder Stein für Stein schöner, größer, funktionaler aufzubauen. " So oder so ähnlich könnte man den Zustand der Tourismusindustrie zum heutigen Zeitpunkt beschreiben. Tourismusindustrie – was gehört eigentlich dazu? Zur Tourismusindustrie gehören Reisemittler, Gesamtleistungsträger (Reiseveranstalter) sowie Einzelleistungsträger (z. B. Beherbergungs-, Beförderungs- und Freizeitbetriebe). Tourismusindustrie? Industrie? Es mutet erstaunlich an, in Bezug auf eine in hohem Maße klein- und mittelständisch geprägten Branche von einer Industrie zu sprechen. Nun, auch die Tourismusindustrie kann sich dem Wandel nicht entziehen und muss sich an anderen Branchen orientieren. Die Zeiten, in denen lebensnotwendige und wichtige Entscheidungen zum Erhalt des Unternehmens intuitiv und aus dem Bauch heraus getroffen wurden, gehören der Vergangenheit an. Die Tourismusbranche ist auf dem Weg, sich „professionell" zu gestalten. Das bedeutet, dass die Unternehmen der Tourismusbranche sich moderner und wissenschaftlich erprobter Managementkonzepte bedienen und Unternehmensstrukturen aufbauen, die dem derzeitigen globalen Marktgeschehen entsprechen und den aktuellen Gegebenheiten Rechnung tragen.

3.1.1 Der Begriff Management

Der Begriff Management leitet sich vom Lateinischen *manus agere* (an der Hand führen) ab; weitere Ursprünge dieses Begriffes liegen auch im Italienischen *maneggiare* (an der Hand führen), im Französischen *ménagement* und im Englischen *manage*. Nachfolgend werden einige Beispiele für die Verwendung des Begriffes Management gegeben: *Air Traffic Management*: Verwaltung und Überwachung des Luftraumes; *Geschäftsführung*: umgangssprachlich die Leitung einer Organisation; *Managementlehre*: Wissenschaft des Managements; *Managementprozess*: Steuerung der Geschäftsprozesse zur Erreichung der Managementziele; *Managementsoziologie*: Akteursgruppen im sozialen Kontext von Organisation und Gesellschaft; *Planung*: Abgleichung von Zielen und Mitteln, z. B. als Zeitmanagement, als Zukunftsmanagement oder Selbstmanagement; *Strategisches Management*: geplantes Handeln zum Erreichen der Unternehmensziele; *Unternehmensführung*: Steuerung, Gestaltung und Überwachung eines Unternehmens.

Im englisch-amerikanischen Raum wird Management ganz allgemein als Führung bezeichnet. Differenziert betrachtet, kann Management unter zwei Aspekten gesehen werden: Management als *Tätigkeit* bzw. als *Technik* und Management als Institution (z. B. Top-, Middle- und Lower-Management). Als Tätigkeit und Technik umfasst Management alle notwendigen Vorgänge der Planung, Durchführung, Kontrolle und Steuerung, um ein Unternehmen für den Wettbewerb und den langfristigen Erhalt zu rüsten (*Olfert/Rahn, 2011*).

Management wird (*Gomez 1997*) treffenderweise wie folgt beschrieben: „Die wichtigste Aufgabe des Managements besteht darin, sich über die Zukunft des Unternehmens Gedanken zu machen und Erfolg versprechende Wege in diese Zukunft konsequent in Angriff zu nehmen. Richtig verstandene Unternehmensführung beinhaltet in diesem Zusammenhang die Suche nach einem harmonischen Mix von Vorwärtsstrategien zum Auf- und Ausbau der unternehmerischen Kernkompetenzen und Restrukturierungsstrategien zur kosten- und zeitoptimalen Ausgestaltung der Unternehmensprozesse. Dies muss unter Berücksichtigung der vielfältigen legitimen Interessen verschiedener Anspruchsgruppen wie der Aktionäre, der Mitarbeiter, der Kunden, der Lieferanten, des Staates und der Öffentlichkeit geschehen. Diese Spannungsfelder verlangen ein entschlossenes unternehmerisches Handeln sowie eine hohe organisatorische Flexibilität."

Steinmann/Schreyögg verstehen Management einerseits als Institution, andererseits als ein Komplex von Aufgaben, die zur Steuerung eines Systems erfüllt werden müssen. Entsprechend werden ein „institutioneller Ansatz" und ein „funktionaler Ansatz" in der Managementlehre unterschieden.

Managementansatz	Merkmale
institutioneller Ansatz	meint eine Gruppe von Personen, die in einer Organisation mit Anweisungsbefugnissen vertraut ist (also vom Meister bis zum Vorstandsvorsitzenden); geht weit über die im deutschen Sprachraum gebräuchliche Sichtweise, Management = Führungsebene, hinaus; schließt auch das Eigentümer-Unternehmer-Verhältnis mit ein und ignoriert die gebräuchliche Unterscheidung, wonach ein Manager ein kapitalloser Funktionär oder Auftrags-Unternehmer und der Unternehmer der Eigentümer ist, dessen Anweisungen durch das eingebrachte Kapital legitimiert wird.
Funktionsansatz	knüpft an diejenigen Handlungen an, die der Steuerung des Leistungsprozesses dienen (z. B. planende, organisierende oder kontrollierender Art).

Abb. 3.1   *Managementansätze*   *(Quelle: in Anlehnung an Steinmann/Schreyögg 2002)*

3.1.2   Managementfunktionen

Um die komplexe Funktion des Managements besser verstehen zu können, bedarf es einer Zerlegung in ihre Teilaufgaben. Aus diesen Teilaufgaben hat sich ein Bouquet von Basisfunktionen herausgebildet. Die bekannteste ist die auf der Basis an *Fayols* anknüpfende Funktions-Klassifikation namens **POSDCORB** von *Gulick*.

P	Planning	die allgemeine Bestimmung dessen, was zu tun ist und wie es getan werden soll, um die Unternehmensziele zu erreichen
O	Organizing	die Errichtung einer formalen Autoritätsstruktur, die Arbeitseinheiten bildet, definiert und im Hinblick auf das Gesamtziel koordiniert
S	Staffing	die Anwerbung und Schulung von Personal und die Gewährleistung adäquater Arbeitsbedingungen
D	Directing	das fortlaufende Treffen von Einzelentscheidungen und ihrer Umsetzung in fallweise oder generelle Anweisungen
CO	Coordinating	die allgegenwärtige Aufgabe, die verschiedenen Teile des Arbeitsprozesses zu verknüpfen
R	Reporting	die fortlaufende Information der vorgesetzten Ebene über die Entwicklung des Aufgabenvollzuges, einschließlich der fortwährenden Eigeninformation und die der unterstellten Mitarbeiter
B	Budgeting	die Wahrnehmung aller Aufgaben, die zur Budgetierung gehören, insbesondere Budgetaufstellung und Budgetkontrolle

Abb. 3.2   POSDCORB-Funktionsmodell   *(Quelle: Steinmann/Schreyögg 2002)*

Der stetig härter werdende Wettbewerb in der Tourismusbranche, führt bei den Unternehmensführern zur Erkenntnis, dass herkömmliche Unternehmensführungskonzepte nicht mehr in dem gewohnten Umfang greifen, ja gelegentlich auch versagen. Beschleunigt wird diese Entwicklung durch den stetigen Wandel von Verkäufer- in Käufermärkte, eine Entwicklung, die seit einiger Zeit auch in den einigermaßen stabil geglaubten Nischenmärkten feststellbar ist. Die eben geschilderte Situation schafft Handlungsbedarf und mündet oftmals in einem Suchprozess nach neuen Konzepten und Strategien. Nachfolgende Vorgehensstrategien des Managements haben sich in den letzten Jahren entwickelt und Eingang in Tourismusorganisationen gefunden.

unternehmensübergreifende Managementformen	unternehmensbezogene Managementformen
• Destinations-Management • Aviation-Management • **Qualitätsmanagement** • Umweltschutz-Management • **Corporate Social Responsibility-Management** • **Projektmanagement**	• **Yield-Management** • **Human Resources Management** • Beschwerde-/ Reklamationsmanagement • **Change-Management** • **Lean-Management** • **Risk-Management** • Account-Management • **Cash-Management** • **Krisenmanagement** • Medien-Management

Abb. 3.3   Managementformen   *(Quelle: in Anlehnung an Dettmer 2005)*

In diesem Kapitel werden einige ausgewählte, für den Tourismus wichtige Managementformen vorgestellt, die als Grundlage für neue Strategien dienen, damit sich
Unternehmer dem Wettbewerb anpassen können.

3.2 Yield-Management

Der Wandel von Verkäufer- zu Käufermärkten, und dies vor dem Hintergrund zunehmender Mitbewerber, haben die Managementform Yield-Management zu einem
preispolitischen Instrument der modernen Unternehmensführung werden lassen. So
entwickelte im Zuge der Deregulierung des US-amerikanischen Luftverkehrs die
amerikanische Fluggesellschaft American Airlines in den späten 1970er Jahren einen
neuartigen Ansatz zur Preis- und Kapazitätssteuerung mit dem Ziel, die Kapazitätsauslastung und den Gesamtertrag zu steigern (*Kühne 2003*). Die Grundidee des Kon-
zepts bestand darin, die Sitzkapazitäten eines Flugzeuges in einzelne Kontingente
aufzuteilen und an die verschiedenen Kundensegmente zu verkaufen. Zu diesem
Zweck wurden einerseits stark ermäßigte Discountflugscheine angeboten, die den
Siegeszug aggressiver Low-Budget-Airlines bremsen sollten. Auf der anderen Seite
wurde für später buchende Geschäftsreisende gleichzeitig eine bestimmte Anzahl an
Sitzplätzen freigehalten, damit dennoch ein Gewinn erwirtschaftet werden konnte.
Um für jedes Teilsegment die optimale Kontingentgröße bestimmen zu können, legte
American Airlines eine umfangreiche Datenbasis an und wertete diese mit Hilfe mo-
derner Instrumente des Operations-Researchs aus.

3.2.1 Begriffsdefinition

Unter Yield-Management versteht man die dynamische Steuerung der Preise und
Kapazitäten, um die vorhandene oder vorgegebene Gesamtkapazität ertrags- und
gewinnoptimal zu nutzen (*Gabler 2000*). *Yield*, aus dem Englischen übersetzt, bedeutet Ertrag, Gewinn, Rendite, Ausbeute u. a.

Wörtlich übersetzt bedeutet Yield-Management soviel wie Ertragsmanagement, frei
übersetzt Mehrwertschöpfung, die zu einem größtmöglichen Durchschnittsertrag führt
(*Dettmer/Hausmann 2006*). Die korrekte Bezeichnung ist Revenue-Management. In
der Praxis werden dagegen ausschließlich die Begriffe Yield-, Ertrags- oder Umsatz-
management verwendet. Yield bezeichnet nur den durchschnittlichen Ertrag pro ver-
kaufte Einheit, hier geht es jedoch konkret darum, den Gesamtertrag einer bestimmten
„Dienstleistungseinheit" (Beförderungs- und Beherbergungsleistung) zu steigern.

3.2.2 Anwendungsgebiete und Ziele des Yield-Managements

Als klassische Anwendungsgebiete des Yield-Managements gelten die Luftfahrt (sowohl im Passagier- als auch im Frachtbereich) und die Beherbergungsindustrie. Da-

rüber hinaus werden Yield-Managementsysteme in der Beförderungsindustrie (z. B. Schienen- und Busverkehr, Schifffahrt), bei Konzertveranstaltern, Internetprovidern oder den TV-Sendern für den Verkauf von Werbeblöcken eingesetzt. Eine verstärkte Ausbreitung des Yield-Managements ist in letzter Zeit bei Non-Profit-Organisationen (z. B. Gesundheitswesen, Bildung) sowie in der Auftragsfertigung bei Industrieunternehmen zu beobachten (*Kühne 2003*).

Yield-Management ist bei vielen Beförderungsträgern und Beherbergungsunternehmen zu einem festen Bestandteil der Unternehmensführung geworden. Das Ziel, dass mit dem Einsatz des Yield-Managements verfolgt wird, ist in erster Linie die Ertragsmaximierung des Unternehmens und ferner die Umsatzmaximierung sowie die Auslastungsoptimierung. Der Ansatz des Yield-Management ist es, Preis und Kapazitäten zu steuern, indem eine gegebene Gesamtkapazität so in Teilkapazitäten aufgeteilt und Preisklassen gebildet werden, dass eine Ertrags- und Umsatzmaximierung erreicht wird. Voraussetzung für die Realisierung dieses Zieles ist der Aufbau und die Nutzung einer umfassenden Informationsbasis über das Nachfrageverhalten der Kunden/Gäste. Das ursprünglich aus dem Luftverkehr kommende Steuerungstool lässt sich problemlos auch auf andere Beförderungsträger und die Beherbergungsindustrie übertragen (*Becker 2003*). Die Gründe dafür sind:

- die Marktstrukturen in der Beherbergungs- und Beförderungsindustrien ähneln denen der liberalisierten Luftfahrt;
- das Ziel der Auslastung der „verderblichen Ware" (Flugzeugsitz oder Hotelbett) verleitet viele Unternehmen zu einem ruinösen Preiskampf;
- die elektronische Vermarktung sowohl im Beförderungs- als auch im Beherbergungssektor weist eine steigende Tendenz auf – erkennbar ist dieser Trend an der Präsenz der Fluggesellschaften und Hotels im Internet, an dem Angebot der Buchungsmöglichkeiten im Internet, sowie an der steigenden Bereitschaft der Nachfrager, auch über das Internet zu buchen;
- in elektronischen Medien lassen sich Preise und Kapazitäten schnell und kostengünstig anpassen;
- Yield-Managementsysteme sind nicht nur den Konzernen vorbehalten, sondern werden vermehrt auch von klein- und mittelständischen Unternehmen genutzt und für diese entwickelt.

3.2.3 Instrumente des Yield-Managements

Die Instrumente des Yield-Managements sind die Preisdifferenzierung und die gezielte Kapazitätssteuerung durch Kontingentierung der angebotenen Beförderungs-, Beherbergungs- und Dienstleistungen (z. B. Beförderungsklassen oder Hotelzimmerkategorien).

Unter **Preisdifferenzierung** ist eine preispolitische Strategie zu verstehen, bei der für im Grunde genommen gleiche Produkte/Leistungen von verschiedenen Kunden, an verschiedenen Orten, zu verschiedenen Zeiten unterschiedliche Preise gefordert werden. Beispiele für Preisdifferenzierungen im Zusammenhang mit dem Einsatz von Yield-Management können u. a. sein: unterschiedliche Beförderungs- und Tarifklassen bei Fluggesellschaften mit einer zeitlichen Differenzierung nach Buchungstermin (je früher oder später gebucht wird, desto niedriger oder teurer ist der zu zahlende Preis). Aufgrund des verschärften Wettbewerbes in der Tourismusindustrie im Allgemeinen und in der Beherbergungs- und Beförderungsindustrie im Besonderen muss mit einer gezielten Preisdifferenzierung gearbeitet werden. Diese sollte auf die Leistungen der einzelnen Unternehmen abgestimmt sein (*Dettmer 2005*). Zwei wichtige Überlegungen spielen hierbei eine Rolle: die **Segmentierung** und die **Selektierung**.

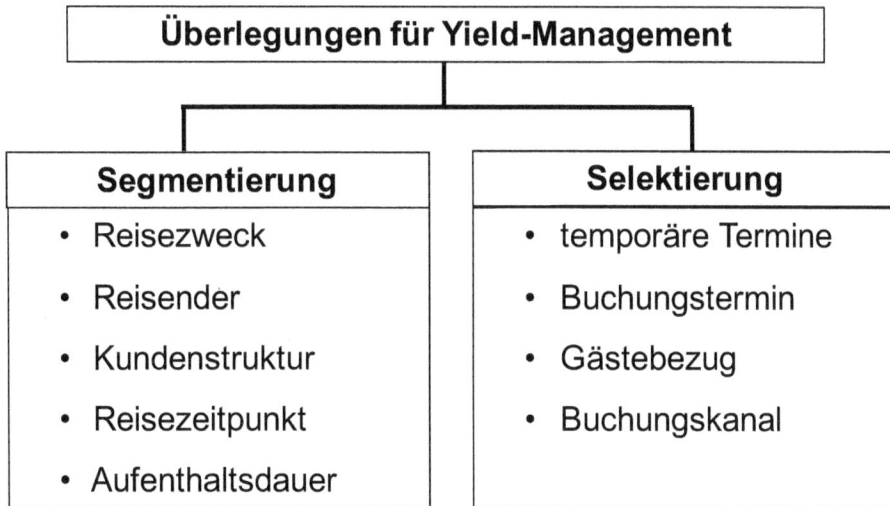

Überlegungen für Yield-Management	
Segmentierung	**Selektierung**
• Reisezweck	• temporäre Termine
• Reisender	• Buchungstermin
• Kundenstruktur	• Gästebezug
• Reisezeitpunkt	• Buchungskanal
• Aufenthaltsdauer	

Abb. 3.4   *Überlegungen für Yield-Management*

▓ Segmentierung:

Segmentierung bedeutet, den Tourismusmarkt nach differenzierten Kriterien aufzuteilen. Dies ist bedeutsam, um die differenzierten und angebotenen Preise dem Kunden gegenüber transparent darzustellen. Kriterien der Segmentierung sind: **Reisezweck** (z. B. Erholung, Regeneration, Geschäftsreise, Informationsreise); **Reisender** (z. B. Einzel-, Gruppen-, Familienreisen); **Kundenstruktur** (z. B. Geschäftsleute, Senioren, Familien); **Reisezeitpunkt** (z. B. unterschiedliche Saisonzeiten, Messetermine, Wochen-ende, Feiertage) und **Aufenthaltsdauer** (z. B. Ausflug, Kurzreise, Urlaubsreise, Langzeitreise).

▓ Selektierung:

Nach der Segmentierung wird eine Selektierung vorgenommen; eine marktgerechte Anpassung an die Nachfrage. Kriterien der Selektierung können sein: **temporäre Termine** (z. B. bestimmter Messetermin, Zwischensaisontermin, Feiertag); **Buchungstermin** (z. B. Frühbucher, Spätbucher, Dauertarif, Last-Minute-Tarif); **Gästebezug** (z. B. Senioren, Familien, Einzelreisende, Gruppen) und **Buchungskanal** (z. B. Eigen-, Reisebürobuchung, Reservierungszentrale).

Darüber hinaus spielt auch die **Kontingentierung** im Rahmen des Yield-Managements eine wichtige Rolle. Unter Kontingentierung ist die Bestimmung der optimalen Kapazitätseinheit zu verstehen. Der Wert einer Buchungsanfrage ist abhängig vom Preis, Netz (z. B. bei Beförderungsträger), Ort, Buchungskanal und vom Kunden. Dabei sind unterschiedliche Risiken und Kostengrößen zu berücksichtigen. Wird eine Kundenanfrage wegen begrenzter Verfügbarkeit abgelehnt, kann eine suboptimale Kapazitätsnutzung (d. h. eine Ertragseinbuße) daraus resultieren, wenn für die entsprechende Kapazität später keine Anfragen mehr erfolgen. Ebenso kann die frühzeitige Annahme einer Buchung zeitlich später auftretende höherwertige Nachfrage verdrängen. Zur Bestimmung und Steuerung der Teilkontingente wird deshalb der Wert jeder Kundenanfrage zu schätzen versucht, und es werden nur die „rentablen" Anfragen akzeptiert. Im Laufe des Planungshorizontes werden die Kontingente je nach Buchungsanfall kontinuierlich neu festgelegt. Berücksichtigt werden muss ein Aspekt der Produktdifferenzierung: handelt es sich um tangible Elemente (z. B. Service, Convenience) oder um intangible Elemente (z. B. Vorausbuchungsfrist, Mindestübernachtung oder Mindestaufenthalt am Zielort).

3.2.4 Rahmenbedingungen des Yield-Managements

Die betriebswirtschaftlichen Rahmenbedingungen, die bei den Beförderungsträgern und Beherbergungsanbietern zur Einführung des Yield-Managements führten, sind beispielsweise bei Fluggesellschaften:

- der starke Konkurrenzdruck durch z. B. etablierte Netzcarrier sowie in den letzten Jahren verstärkt durch sog. Low-Cost-Airlines/Low-Budget-Airlines/No-Frills-Airlines;
- kurzfristig nicht variierbare Kapazitäten mit damit einhergehenden hohen Fixkostenanteilen;
- angebotene Kapazität kann nur während einer begrenzten Periode zur Ertragserzielung eingesetzt werden und „verdirbt" nach einem bestimmten Zeitpunkt, wenn sie nicht verkauft wird (z. B. ein leerer Flugzeugsitz oder ein nicht verkauftes Hotelbett);
- Nachfrage ist typischerweise durch hohe zeitliche Schwankungen, einen unsicheren zukünftigen Verlauf und große Heterogenität der Kundensegmente gekennzeichnet.

Yield-Management sollte unter folgenden Rahmenbedingungen am sinnvollsten praktiziert und angewendet werden:

- Nachfrage nach begrenzten Kapazitäten und Leistungen durch unterschiedliche Kundensegmente/Zielgruppen;
- Verhinderung des „Verderbens" ungenutzter Kapazitäten/Leistungen;
- Varianz der Nachfrage zu unterschiedlichen Zeitpunkten im Zeitablauf.

3.2.5 Voraussetzungen für ein erfolgreiches Yield-Management

Nahezu alle touristischen Unternehmen (z. B. Fluggesellschaften, Hotels, Reiseveranstalter) weisen eine hohe strukturelle Fixkostenbelastung auf. Die Leistungen müssen vorgehalten werden und „verfallen" bei Nichtnutzung zu einem bestimmten Zeitpunkt. Somit spielt der Aspekt der „verderblichen Waren" beim Yield-Management eine große Rolle. Ein weiterer Aspekt beim Einsatz des Yield-Managements ist die „Unmöglichkeit der nachträglichen Lieferung", denn eine Nachlieferung zum Zeitpunkt X ist obsolet, denn der Kunde wurde bereits von einem Mitbewerber „beliefert" (*Dettmer/Hausmann 1999*). Aus diesen zwei Tatsachen ergeben sich Voraussetzungen für ein erfolgreiches Yield-Management. Zum einen muss die Preisstruktur eine Kapazitätssteuerung ermöglichen, unterschiedliche Produktlinien werden zu unterschiedlichen Preisen angeboten. Auch muss die Möglichkeit gegeben sein, für dasselbe Produkt unterschiedliche Preise zu verlangen. Zum anderen spielt die IT-Informationstechnologie eine wichtige und besondere Rolle. Fachleute interpretieren Yield-Management als ein IT-gestütztes Expertensystem zur Optimierung einer preisgesteuerten Kapazitätsauslastung. Ein solches System muss von vielen anderen Systemen mit Informationen, die sodann verarbeitet werden, gespeist werden. Diese sind:

- interne Informationssysteme, in denen die Vertragskonditionen, die eigenen Kapazitäten, ggf. Kapazitätsalternativen sowie Preise hinterlegt sind;
- CRS/GDS, aus denen noch verfügbare und bereits gebuchte Kapazitäten/Leistungen, Buchungsstände, Flugpläne hervorgehen;
- Buchungsdatenbanken, die historische Daten (Vergangenheitswerte) liefern;
- Check-in-Systeme der Fluggesellschaften;
- Data-Managementsysteme der Leistungsträger, aus denen Buchungs-Historys abgerufen werden können;
- externe Informationssysteme, die die Preise und Kapazitäten der Mitbewerber vorhalten sowie besondere Termine (z. B. Messen, Events) anzeigen.

Das Yield-Managementsystem muss in der Lage sein, diese o. g. Informationen zu verarbeiten. Daraus ergeben sich folgende Funktionen des Yield-Managementsystems.

Prognose-funktion	Bewertungs-funktion	Optimierungs-funktion	Angebots-funktion
zu erwartender Buchungsverlauf, Nachfragestruktur und Stornoquote	Erträge und Kostenstruktur je Kapazitätseinheit	Kapazitätssteuerung, Klassen-, Preis- und Buchungsmix	Preise und Angebote

Abb. 3.5 *Funktionen eines Yield-Managementsystems*

Als letzte Voraussetzung benötigt ein funktionierendes Yield-Managementsystem ein
effektives und effizientes Vertriebssystem, um die Kapazitäten flächendeckend und
Absatzoptimal zu vertreiben. Der Vertrieb erfolgt über nachfolgend dargestellte Vertriebskanäle, auch Vertriebsmix genannt.

Direktvertrieb	Eigenvertrieb	Fremdvertrieb
via Internet, Callcenter direkt an den Kunden	über eigene Verkaufsbüros, Franchisepartner, Kooperations-Reisebüros	über Mittler (z. B. Reisebüros, Agenten), Makler und Händler

Abb. 3.6   *Vertriebskanäle im Vertriebssystem eines Yield-Managementsystems*

3.2.6   Chancen und Risiken des Yield-Managements

Für ein touristisches Unternehmen, sofern es sich für den Einsatz von Yield-
Management entscheidet, ergeben sich aus dem Einsatz wesentliche Chancen und
Risiken.

Chancen	• Reduzierung bislang ungenutzter Kapazitäten und dadurch zusätzliche Erträge und Gewinne für das Unternehmen; • das Yield-Managementsystem verbessert informatorische Grundlagen im Unternehmen und unterstützt Entscheidungen der Unternehmensführung über Leistungs- und Preisgestaltung; • Yield-Management führt zu einem umfangreichen und differenzierten Leistungsangebot und somit zu Wettbewerbsvorteilen.
Risiken	• durch das Yield-Management ausgelöste ermäßigte Angebote können langfristig den Referenzpreis, also den langfristig vom Kunden wahrgenommenen und auch akzeptierten Preis, der Kunden/Gäste beeinflussen; • dadurch werden in Folge reguläre Angebote von den Kunden/Gästen als inakzeptabel bewertet, und führen zu einer unfairen Betrachtung; • Yield-Management kann sowohl von den eigenen Mitarbeitern als auch von Kunden/Gästen als unübersichtlich betrachtet werden, das führt zu Verärgerung und im Extremfall zu Abwanderungen.

Abb. 3.7   *Chancen und Risiken durch Yield-Management*

Grundsätzlich gilt: Um Dissonanzen beim Kunden vorzubeugen, sollte der Einsatz
der Instrumente des Yield-Managements, insbesondere die Preisgestaltung für die
jeweiligen Zielgruppen möglichst transparent sein. Preisdifferenzierungsmaßnahmen
sollten sich auf objektiv nachvollziehbaren Kriterien beziehen (z. B. eindeutige Kategorien der Leistung, Saisonzeiten, Früh- oder Spätbucherpreise, Messetermine). Yi-
eld-Managementmaßnahmen dienen nicht der 100%igen Auslastung der Kapazitäten,
sondern der optimalen Auslastung der Kapazitäten bei maximalem Ertrag.

3.3   Cash-Management

Für touristische Unternehmen, insbesondere für Reiseveranstalter, mit ihrem hohen Vorfinanzierungsanteil spielt Cash-Management eine bedeutende Rolle. Unternehmen der Reiseindustrie (z. B. Reiseveranstalter, Hotels und Verkehrsträger) finanzieren einerseits hohe Volumina beim Einkauf von Reiseleistungen (z. B. Hotel- und Flug-kontingente, Treibstoff) vor, andererseits erhalten sie auch Anzahlungen zu einem Zeitpunkt, der einige Wochen oder Monate vor der Erbringung der Leistung liegt. Die Problematik dabei ist, dass An- und Restzahlungen (meist zwei bis drei Wochen vor dem Ereignis) durch den Kunden bis zur Erbringung der Leistung eine Verbindlich-keit diesem gegenüber darstellen und nicht mit den Auszahlungen des z. B. Reiseveran-stalters „vermengt und verrechnet" werden dürfen. Das Unternehmen muss trotz hoher An- und Restzahlungen seinen Leistungserstellungsprozess aus eigenen finan-ziellen Ressourcen (i. d. R. aus dem Cashflow) finanzieren. Dies hat zur Folge, das z. B. die Liquidität eines Reiseveranstalters im Zeitverlauf eines „Touristischen Jah-res" (01. April bis 31. März oder 01. Oktober bis 30. September) hohen Schwankun-gen unterworfen ist und das Unternehmen trotz hoher Bargeldbestände (über die es aber nicht verfügen „darf") erhebliche Auszahlungen leisten muss.

3.3.1   Abgrenzung und Funktion des Cash-Managements

Cash-Management bezeichnet alle Maßnahmen der kurzfristigen Finanzdisposition im Unternehmen und dient der Überwachung und Steuerung des Dispositionsbestandes an liquiden Mittel (z. B. Bargeld, Sichtguthaben, nicht ausgenutzte Kreditmöglichkei-ten und kurzfristig monetisierbare Finanzanlagen). Das Cash-Management ist (sollte) Teil des Finanz- und Risikomanagements eines Unternehmens (sein) und kann ent-weder direkt bei der Konzernobergesellschaft oder über eine konzerneigene Finanzie-rungsgesellschaft im In- oder Ausland erfolgen. Es umfasst dabei sämtliche Aufgaben und Maßnahmen, die zur Sicherung der Liquidität und zur Erreichung höchster Effi-zienz im Zahlungsverkehr durchgeführt werden. Im Gegensatz zur Finanzplanung erfolgt mit Hilfe des Cash-Managements die Feinabstimmung im Hinblick auf die Möglichkeiten der z. B. Kapitalbeschaffung (um Kapitalkosten zu minimieren) oder der Anlage der liquiden Mittel. Das Cash-Management geht dabei über eine reine Finanzverwaltung hinaus, da hier eine aktive, zielorientierte Steuerung der Liquidität mit dem Ziel der Sicherstellung und Aufrechterhaltung der Zahlungsfähigkeit des Unternehmens vorgenommen wird.

Eine weitere Zielsetzung ist das Erreichen einer definierten Rentabilität der eingesetz-ten Mittel. Das bedeutet die Maximierung des Zinsertrages für Überschüsse sowie die Minimierung von Transaktionskosten. Daneben ist es notwendig, auf eine Minimie-rung der mit dem Cash-Management verbundenen Risiken zu achten. Im Rahmen eines Risiko-Managementsystems sollten Richtlinien für die Nutzung von Kreditinsti-tuten, Finanzinstrumenten und Märkten festgelegt werden.

Abgeleitet von der Kernaufgabe der Liquiditätsdisposition gehört es gleichfalls zu den Aufgaben des Cash-Managements, für eine optimale Anbindung von Bankkonten zu sorgen. Ein Unternehmen beispielsweise, das im Euro-Raum mehrere Niederlassungen mit eigenen Bankkonten unterhält, muss für eine optimale Liquidität sicherstellen, dass die verfügbare Liquidität auf diesen Konten auf einem zentralen Konto konzentriert wird beziehungsweise Liquiditätsunterdeckungen auf diesen Konten ausgeglichen werden. Das Cash-Management bedient sich dabei einem Kontenausgleichsverfahren, das Banken anbieten.

Die Anforderungen an das Cash-Management sind geprägt von einer hohen Aktualität und permanenten Verfügbarkeit der finanzwirtschaftlichen Daten. Zu unterscheiden sind einfache Cash-Managementsysteme wie z. B. Electronic-Banking (Umsatz- und Saldenübersichten, Kontobewegungen) sowie erweiterte Cash-Managementsysteme für zusätzliche Liquiditätsprognosen, Risikoanalysen und standardisierte Transaktionen. In der Tourismusindustrie wird Cash-Management bislang lediglich bei größeren Unternehmen und bei Konzernen praktiziert. Mittelständische und kleine Betriebe vergeben durch die Nicht-Anwendung von Cash-Management die Chance, ihre Liquidität und Kapitalisierung zu verbessern.

3.3.2 Aufgaben und Gestaltungsräume des Cash-Managements

Dem Cash-Management kommen die Aufgaben, Liquiditätsplanung, Disposition liquider Mittel, Gestaltung der Zahlungsströme und des Managements der Währungsrisiken (gerade bei touristischen Unternehmen von hoher Relevanz) zu. Wichtigster Ausgangspunkt ist jedoch immer die kurzfristige Liquiditätsplanung.

Liquiditätsplanung: Dabei werden alle Zahlungseingänge und -ausgänge für einen bestimmten Zeitraum, z. B. für einen Monat, erfasst und saldiert, um einen Überblick über die Liquiditätssituation zu erhalten. Zur genauen Feststellung der jeweiligen Zahlungsfähigkeit wird aufgrund der Kontostände und Daten aus der Finanzbuchhaltung ein täglicher Liquiditätsstatus erstellt. Gleichzeitig erfolgt eine zukunftsorientierte Liquiditätsplanung durch die Aufstellung von Finanzplänen, welche einen kurz- bis mittelfristigen Planungszeitraum aufweisen. Je weiter die Pläne dabei in die Zukunft reichen, desto niedriger ist in der Regel ihre Planungsgenauigkeit. Die durch die Planung gewonnenen Informationen bilden dann die Grundlage für alle Entscheidungen und Vorgänge im Bereich des Cash-Managements.

Disposition liquider Mittel: Umfasst sind hier Maßnahmen zur Deckung von Liquiditätsdefiziten und zur Anlage von Liquiditätsüberschüssen. Das Cash-Management muss sowohl auf planmäßig vorhersehbare, als auch auf nicht prognostizierbare Liquiditätsschwankungen angemessen reagieren. Liquiditätsdefizite müssen im Hinblick auf die Sicherstellung der Zahlungsbereitschaft durch kurzfristige Kreditfinanzierung ausgeglichen werden. Erzielte Liquiditätsüberschüsse sind hingegen zinsbringend anzulegen. Die Entscheidungen über angemessene Kapitalbeschaffungs- bzw. Anlageformen hat dabei auf Grundlage des vorgegebenen strategischen Rahmens im Bereich der Finanzierung zu erfolgen.

Gestaltung der Zahlungsströme: Hierbei werden ein möglichst kostengünstiger Transfer sowie der optimale Zeitpunkt von Zahlungen angestrebt. Ziel ist es, die Kosten der Kapitalbewegungen, wie z. B. Bankgebühren, Zinsen oder Kosten der internen Bearbeitung zu reduzieren.

Währungsrisikomanagement: Hierbei spielt die Wechselkursproblematik eine große Rolle, da Wechselkursänderungen eine Reihe wirtschaftlicher Risiken bergen. Aufgabe des Währungsmanagements im Rahmen des Cash-Managements ist die Begrenzung der Wechselkursrisiken durch entsprechende Absicherungsmaßnahmen, z. B. durch Devisentermingeschäfte (wichtig bei Einkauf von Hotelkontingenten im US-Dollar Raum oder bei Treibstoff einer Fluggesellschaft der grundsätzlich in US-Dollar kontrahiert wird).

Die Vor- und Nachteile des Cash-Managements für Unternehmen zeigt nachfolgende Tabelle.

Vorteile	Nachteile
• optimale Ausnutzung vorhandener liquider Mittel • Umgehung konzernexterner Geldgeber (z. B. durch Außen- und Fremdfinanzierung) • Reduzierung bankbezogener Kosten • Ausgleich von Währungsrisiken (insbesondere bei Reiseveranstalter und Fluggesellschaften) • Größenvorteile bei der Finanzierung neuer Projekte oder des laufenden Geschäfts • Reduktion von Insolvenzrisiken • geringere zentrale Liquiditätsreserve (insbesondere in der mehrbetrieblichen Markenhotellerie)	• Transaktionskosten der Abteilung Cash-Management sowie Verwaltungsaufwand (Bürokratisierung) • Abhängigkeit von der zentralen Liquiditätsversorgung • Gefahr der Risikoverlagerung, ggf. auch Risiko durch Spekulationen auf den Finanzmärkten • Fokus auf kurzfristige Gewinnerzielung • Entscheidungsferne der „Finanzspezialisten" • Offenlegung der finanziellen Verhältnisse gegenüber Dritten • Abhängigkeit vom Anbieter des Cash-Managementsystems

Abb. 3.8   *Vor- und Nachteile des Cash-Managements*

3.4   Krisenmanagement

Das Wort Krise entstammt dem Altgriechischen und bedeutet soviel wie *„entscheidende Wendung"*. Krisen bringen i. d. R. Risiken, aber auch viele Chancen. Einer Krise muss/soll man den Beigeschmack einer Katastrophe nehmen und schon kann man ihr etwas Positives abgewinnen (*M. Frisch*). Krisenmanagement ist eine **„[b]esondere Form der Führung, deren Aufgabe es ist, Prozesse zu bewältigen, die den Fortbestand der Unternehmung substanziell gefährden oder unmöglich machen"** (*Krystek*). Somit ist sie die beste Voraussetzung für angewandtes Change-Management. Charakteristisch für eine Krise ist, das es sich um ein schwerwiegendes

Ereignis handelt, von dem ein Unternehmen stark betroffen ist, einen hohen Entschei-
dungs- und Handlungszwang unter extremen Zeitdruck erfordert. Dabei sinken die
Handlungsoptionen mit anwachsendem Zeitraum ab dem Eintritt des Ereignisses, bei
i. d. R. sehr begrenzten Eingriffs- und Abhilfemöglichkeiten.

Krisenmanagement ist vor allem für krisenanfällige Unternehmen und Branchen eine
permanente Führungsaufgabe. In diesen Unternehmen sollten ständige Krisenma-
nagement-Teams eingerichtet werden, welche die Aufgabe haben, alle denkbare Arten
von Krisen zu erkunden, Pläne und Handlungsrichtlinien zu deren Bewältigung und
Bekämpfung auszuarbeiten, und im Unternehmen Krisenbewusstsein zu entwickeln.

3.4.1   Arten Spezifika von Krisen

Im Sprachgebrauch wird der Begriff Krise oftmals mit Katastrophe gleichgesetzt.
Eine Katastrophe ist ein spontan eintretendes Unglück mit tragischem Ausgang, welches nicht mehr abwendbar ist und meistens mit einer Kommunikations- und Vertrau-
enskrise für das Unternehmen einhergeht. Eine Krise kann sich sowohl positiv als
auch negativ entwickeln, jedoch kann sie bei rechtzeitiger und angemessener Reaktion positiv verlaufen. Krisen sind oftmals die Folgen von Katastrophen. Krisen können Unternehmen in eine existenzbedrohende Situation führen. Man kann zwischen
beherrschbaren und nicht-beherrschbaren Unternehmenskrisen unterscheiden. Krisenmanagement ist eine besondere Form der Unternehmensführung und dient der
Vermeidung bzw. Bewältigung negativer Entwicklungen wie beispielsweise: drohen-
de Insolvenz wegen Zahlungsschwierigkeiten, Kundenrückgänge wegen schlechter
Presse, Sabotage, nachlassende Konjunktur und Nachfrage, starker und harter Wettbewerb, Überschätzung der eigenen Unternehmenskompetenz, Vernachlässigung der
Mitarbeiterqualifikation, Anschläge auf das Unternehmen oder auf Kunden des
Unternehmens, fehlerhafte Produkte.

Im Tourismus gibt es ausgeprägte und zu erwartende oder immer wieder eintreffende
branchentypische Krisensituationen, manche **„angekündigt"**, andere **„unangekün-
digt"** wie z. B. Insolvenzen, Zahlungsunfähigkeiten und Unternehmensschließungen
(teilweise oder vollständig) aufgrund von Flugzeugabstürze, Anschläge auf Touristen
mit Körperverletzung und/oder Todesfolge, Umweltkatastrophen, Unfälle von Reise-
bussen, Zugunglücke. Krisen können auch unter dem Blickpunkt des Krisenverlaufes
betrachtet werden. Sie können in folgende vier Phasen unterschieden werden:

- potenzielle Krise: die Krise ist noch ein gedankliches Gebilde über die Störung
  des Betriebsablaufes bis hin zur Existenzgefährdung;
- latente Krise: die Krise ist ausgebrochen, aber noch sind die Ursachen nicht festzustellen;
- akute, aber beherrschbare Krise: der Ausgang der Krise ist unklar, es wird von
  einem positiven Ausgang ausgegangen;
- akute und nicht beherrschbare Krise: z. B. Liquidation von Amtswegen.

3.4.2 Ursachen für Krisen und ihre Auswirkungen im Tourismus

Die Ansätze der Klassifizierung von Krisen sind verschieden. Einem allgemeinen Ansatz zur Folge können Ursachen für Krisen im Tourismus sowohl nach internen und externen als auch nach exogenen und endogenen Faktoren unterteilt werden, beispielhaft dargestellt in nachfolgender Tabelle.

externe Ursachen	konjunkturelle Fehlentwicklungen, Änderungen im Konsumverhalten, Naturkatastrophen, Terrorismus, politische Instabilität, Epidemien/Pandemien, Kriege und Unruhen.
interne Ursachen	Managementfehler, Qualitätsmängel, Sicherheitsmängel.
exogene Ursachen	Krisenursachen in den Zielgebieten: z. B. geophysische, soziokulturelle, politische, religiöse und gesundheitliche Faktoren (Krankheiten); Krisenursachen auf der Reise: z. B. Flugzeugentführungen, Überfälle auf Reisebusse, Bahnen.
endogene Ursachen	Krisenursache Mensch: z. B. Managementfehler; Qualifikationsmangel beim Personal: z. B. kein bzw. nur unzureichendes Sicherheitswissen, Fahrlässigkeit, Nichtbeachtung von Vorschriften, Streik, Sabotage; Krisenursache Technik: z. B. fehlende bzw. mangelhafte Sicherheitsvorkehrungen, kostenbedingte Reduzierung der Sicherheit, technisches Versagen durch Material- oder Konstruktionsfehler, Verschleiß.

Abb. 3.9   Externe, interne, exogene und endogene Ursachen von Krisen

Die Auswirkungen einer Krise auf ein Unternehmen können materieller oder immaterieller Natur sein.

materielle Auswirkungen	immaterielle Auswirkungen
• Stornierungen und Umbuchungen • Auslastungsrückgänge • sinkende Umsätze • zusätzliche Kosten für Beseitigung, Wiedergutmachung • Kapitalverlust	• Imageschäden am Unternehmen und an Personen • Vertrauensverlust • Kundenabwanderung • Motivationsverlust beim Personal

Abb. 3.10   Auswirkungen von Krisen

3.4.3 Verfahren zur Identifikation potenzieller Krisen

Im Rahmen des Krisenmanagements bedient man sich unterschiedlicher Methoden der Betriebs- und Umfeldanalyse. Es werden sowohl systematische Verfahren (z. B. strategische Frühaufklärung und retrospektive Analysen) als auch kreative Verfahren

(z. B. Expertenbefragungen und Szenariotechniken) eingesetzt. Nachfolgend werden einige Verfahren zur Identifikation potenzieller Krisen aufgezählt.

kennzahlenorientierte Frühaufklärung	
Systemmerkmale der 1. Ordnung (Generation)	quantitative Methoden; basiert auf Kennziffern und Kennziffernsysteme; Soll-/Ist-Abweichungen werden ermittelt; eher im operativen Einsatz angewendet; Krisenerkennung erst im latenten Stadium möglich; einfache Handhabung und daher vielfach angewendet.
Systemmerkmale der 2. Ordnung (Generation)	quantitative Methoden; verwendet Indikatoren für Länderrisiken (z. B. politische Faktoren, Störungen in der Zahlungsbilanz einer Volkswirtschaft); ökologische Risiken (z. B. Satellitenbilder, Laserscanner); betriebliche Risiken (z. B. Mitarbeiterfluktuation); computergestützte Analysen möglich.
Systemmerkmale der 3. Ordnung (Generation)	qualitative Methoden; willkürliche Suchen nach Anzeichen; Krise bereits in der potenziellen Phase; ständige Suche nach „schwachen Signalen", z. B. unerwartete Häufung gleicher Erscheinungen und Ereignisse, Publikationen neuer Meinungen und Ideen, Stellungnahme und Meinungsäußerungen wichtiger Personen, Initiativen zu Änderung der Gesetzgebung.
Strategische Frühaufklärung	
signalorientierte Umweltanalyse	Signallokalisierung, Ursachenermittlung, Wirkungsprognose, signalspezifische Szenario-Erstellung; Vergleich der Prämissen der strategischen Planung und signalspezifischen Szenarioereignissen; Beurteilung der Abweichungsermittlung; Suche nach strategischen Handlungsalternativen; Beurteilung und Entscheidung über strategische Handlungsalternativen.
kreative Verfahren	strategische Frühaufklärung wird in Gruppenarbeit durchgeführt; verknüpfen Erfahrung mit Intuition und Fachwissen mit Phantasie; die Quantität geht vor Qualität und die Probleme werden in einer subjektiven Wirklichkeit gelöst.
Szenario-Technik	qualitative und quantitative Methoden werden vereinigt; es werden Zukunftsbilder in Teamarbeit anhand von Annahmen gebildet. Die Vorgehensweise erfolgt in folgenden Schritten: 1) Untersuchungsgegenstand definieren; 2) zeitlichen Horizont bestimmen; 3) Einflussfaktoren bestimmen und analysieren; 4) zukünftige Entwicklung und den Zustand der Faktoren bestimmen; 5) Szenarienbildung mit unterschiedlicher Berücksichtigung bzw. Gewichtung der Faktoren; 6) Störfallanalyse.

Abb. 3.11 *Verfahren zur Identifikation von Krisen*

3.4.4   Schwerpunkte des Krisenmanagements

Krisenmanagement kann differenziert werden in **aktives Krisenmanagement** (antizipativ und präventiv) oder **reagierendes Krisenmanagement** (repulsiv und liquidativ). Die wichtigsten Ziele des Krisenmanagements von Tourismusunternehmen sind/müssen sein:

- Gesundheit der Menschen sichern, physischen und psychischen Schaden abwenden;
- Urlaub und Reiseerlebnis der Kunden sichern;
- Zukunft des Unternehmens sichern;
- die Krise auch unter dem Aspekt der Kosten (auch Folgekosten) abwenden;
- in der Krise auch eine Chance sehen.

In jedem Fall sind die zentralen Schwerpunkte des Krisenmanagements die Krisenvermeidung und die Krisenbewältigung.

Krisenvermeidung bedeutet, kritische Entwicklungen erst gar nicht in ein akutes Stadium anwachsen zu lassen, sondern diese mit dem Einsatz von Früherkennungs- und Prognosetechniken vorbeugend bekämpfen oder entsprechende Gegenmaßnahmen einleiten. Dies setzt aber voraus, dass die sich anbahnende Entwicklung auch als Krise erkannt wird. Das ist oftmals schwierig, weil Krisen kaum vorhersehbar bzw. vorausbestimmbar sind.

Krisenbewältigung bedeutet, bei der bereits eingetretenen Krise und deren Erscheinungsformen zweckentsprechend zu reagieren. Dies setzt ein Krisenkonzept voraus. Inhalte eines solchen Krisenkonzeptes müssen sein: 1) Krisenstab mit Personenkreis, die bei Eintritt der Krise bestimmte Aufgaben im Unternehmen übernehmen; 2) Checklisten über die Vorgehensweise, Reihenfolge der Arbeiten, Aufgaben und Tätigkeiten; 3) Kontakte zur Presse für die Information, Aufklärung betroffener Angehörigen und der Öffentlichkeit; 4) Freischaltung von Notrufnummern und Betreuung von Angehörigen und berechtigten Personenkreisen.

Gerade im Tourismus sind übergreifende Präventionskonzepte und gute Kommunikationsstrukturen bei Eintritt einer Krise lebensnotwendig. Die typischen Schwierigkeiten bei der Bewältigung einer touristischen Krise sind vor allem darin begründet, dass eine stark verzweigte Struktur von Lieferanten und Erfüllungsgehilfen vorliegt, die im Krisenfall optimal koordiniert werden müssen und durch die Nicht-Erreichbarkeit der Personen und die gegebenen Kommunikationsproblemen (technischer oder kultureller Art) erschwert wird, da die touristischen Leistungen in anderen Länder und Kontinente erbracht werden. Überlegungen zu einer generellen Krisenprävention im Unternehmen sprechen u. a. von: ethische und moralische Gründe den Kunden und deren Angehörigen gegenüber, wirtschaftliche Gründe des Unternehmens, rechtliche Zwänge seitens des Gesetzgebers. Gegen eine Krisenvorsorge sprechen aus Sicht der Unternehmen: die unzureichende Unternehmensgröße (kleines Unternehmen), Risiko einer Krise wird als gering eingeschätzt, fehlendes Personal, keine Zeitreserven für den Aufbau eines Krisenpräventionskonzeptes, fehlende finanzielle Ressourcen und die Infrastruktur.

3.4.5 Die Bedeutung der Kommunikationspolitik im Krisenfall

Die Bedeutsamkeit einer Krise resultiert u. a. daraus, dass durch einen einzigen unglücklichen Vorfall das in jahrelanger Öffentlichkeitsarbeit aufgebaute, gute Image eines Unternehmens zerstört werden kann und oftmals auch wird. Die Öffentlichkeitsarbeit soll im Normalfall die Einstellung der Anspruchsgruppen zum Unternehmen positiv beeinflussen durch z. B. zeitnahe Pressekonferenzen und Presseveröffentlichungen sowie eine sehr gute Kontaktpflege zu den Medien und Geschäftsberichte. Dieselben Kanäle werden/sollen auch in einem Krisenfall benutzt werden. Es bieten sich jedoch zunächst einmal zwei Vorgehensalternativen an: eine defensive und eine offensive Vorgehensweise.

Defensive Strategie (wenig erfolgsversprechend): z. B. Abwarten und Hinhalten; Gegendarstellungen aufbauen und vertuschen; Abschotten gegenüber den Medienvertretern; mit Verleumdungsklagen drohen.

Offensive Strategie: z. B. frühzeitiges Einleiten von Maßnahmen; freiwillige und selbstständige Information gegenüber allen Wirkungsbereichen; Bemühungen um Beseitigung der Problemursachen.

Die Besonderheit der Krisen-PR liegt in der Schadensbegrenzung, d. h. in der Schaffung von Verständlichkeit und Transparenz, in der Verdeutlichung der Zusammenhänge. Eine Beteiligung und Identifikation der obersten Unternehmensleitung mit dem Vorfall, den Betroffenen und dem Schaden ist anzustreben. Negative Ereignisse sind durch die Zwischenschaltung von Medien erfahrbar zu machen. Alle Mitarbeiter müssen über die Kommunikationsstrategie informiert und einbezogen sein. Grundsätzlich gilt es, Offenheit, Klarheit und Gradlinigkeit zu zeigen, denn dies führt zu Glaubwürdigkeit und auch zu einer (durch die hohe Aufmerksamkeit, die das Unternehmen gerade genießt) Chance.

3.4.6 Probleme im Krisenfall

Eine Krise kündigt sich selten im Voraus an. Sie tritt irgendwann ein und trifft das touristische Unternehmen sodann auch mit voller Wucht. Das Unternehmen hat in diesem Moment keine Zeit mehr, sich auf die Krise und deren Bewältigung vorzubereiten, sondern das Unternehmen muss bereits vorbereitet sein. Vorbereitet sein bedeutet, innerhalb kürzester Zeit nach Eintritt der Krise (z. B. einer missglückten Landung eines Flugzeuges mit Personenschaden) einen Krisenstab einzuberufen, in dem geschulte Mitarbeiter nach genau festgelegten Aufgaben, Tätigkeiten und Entscheidungshierarchien sofort tätig werden und Folgendes leisten:

- alle nötigen Maßnahmen zur Rettung, Evakuierung zu organisieren und zu koordinieren;
- Kontakt zu Krankenhäusern und Hilfestellung der Geschädigten vor Ort;
- Überprüfung des Versicherungsschutzes der Betroffenen um sicherzustellen, welche maximalen Leistungen dem Geschädigten zugutekommen können;

- 24-Stunden-Telefondienst, um die telefonischen Anfragen zur Katastrophe zu beantworten;
- Information der Familienmitglieder und Verwandten;
- Organisation von Maßnahmen, die von den jeweiligen lokalen Behörden sowohl im Zielgebiet als auch im Quellgebiet erbracht werden müssen;
- Organisation der Rückführung der verletzten, erkrankten und verstorbenen Personen;
- Organisation der Pressearbeit, um einen möglichen Imageschaden vom Unternehmen abzuwenden.

Um eine solche Krise zu meistern, kann man einerseits eigene Mitarbeiter abteilungsübergreifend auswählen und diese zu einem Krisenteam zusammenstellen und über regelmäßige Schulungen, Meetings, Durchspielen und Simulation von Krisen sicher stellen, dass das Team jederzeit einsatzbereit ist. Andererseits kann man im Krisenfall auf externe Interventionsteams zurückgreifen, die sozusagen als externe Task-Force-Einheit das Krisenmanagement übernimmt. In jedem Fall benötigt jedes Unternehmen einen „Fahrplan" für den Krisenfall.

3.4.7 Krisenhandbuch

Es sei jedem Unternehmen dringend geraten, ein Handbuch zu erstellen, welches für alle Mitarbeiter den „Fahrplan" für die Bewältigung der Krise aufzeigt.

Inhalte des Handbuches: Verantwortliche (Einsatzleiter), Teammitglieder und alle sonstigen Ansprechpartner; Anzahl der Mitglieder und des Einsatzteams und der Teamleiter; genaue Auflistung der Abteilungen, der Personen und deren Funktion im Einsatzteam mit genauer Kontaktmöglichkeit (Telefon, Fax, Pager, u. a.) auch während ihrer Freizeit; weitere Personen, die benachrichtigt werden müssen/können/sollen aufgrund ihrer Entscheidungsbefugnis oder aufgrund ihrer unterschiedlichen Kompetenzen; Ablaufplan für die bei Krisenfällen notwendigen immer einzuleitenden Schritte und Maßnahmen.

Regelung des Bereitschaftsdienstes: Einteilung des Bereitschaftsdienstes mittels eines wöchentlichen Einsatzplanes; Änderungsprocedere des Bereitschaftsdienstes; Bereitschaftspflichten (stetige Erreichbarkeit, Anforderungen an die Freizeitplanung, Zeitvorgaben nach denen sich das Bereitschaftsmitglied nach Meldung einer Krise im Krisenzentrum einzufinden hat); Bereitschaftskontrolle (kann durch Testanrufe bei den einzelnen Bereitschaftsmitgliedern erfolgen, um sicherzustellen, dass jedes Mitglied stets auf den Ernstfall vorbereitet ist); Vergabe und Einsatz von Mobiltelefonen, Ladegeräten, Berücksichtigung von Funklöchern (z. B. am Wohnort eines der Teammitglieder), Einweisung Telefonanlagen; regelmäßiger Infodienst sowie Schulungen und Übungen; Einweisung in das Handbuch, regelmäßige Vorträge und Briefings durch den Betriebspsychologen, durch Betriebsärzte, Rechtsanwälte; Organisation von ein bis drei Probealarmen im Jahr, um auch die Funktion der Computer und der für den Notfall vorgesehenen Software-Programme und Tools auf die Bereitschaftsfähigkeit zu überprüfen.

Benötigte Vertragspartner: Vertragspartner können z. B. Versicherungen und Reiseversicherungen sein, über die das normale Tätigkeitsrisiko abgesichert ist oder über die der betroffene Kunde abgesichert ist; Behörden (Polizei, Innenministerium, Wirtschafts- und Verkehrsministerium, Auswärtiges Amt) mit denen im Krisenfall die Zusammenarbeit zwingend ist; medizinische und psychologische Dienst einer Assistance; Psychologen-Teams; Medien- und PR-Agenturen.

Räumlichkeit: Es muss für den Fall ein Raum bereit stehen, welcher im Krisenfall als Krisenzentrum dient. Die Anforderungen an diesen Raum sollten sein: genügend Telefonanschlüsse, genügend PC-Arbeitsplatzmöglichkeiten, Roll-Container mit ausreichendem Büromaterial, Beamer, Fernseher. In jedem Roll-Container muss eine Grundausstattung an Formularen vorhanden sein, zudem Schreibzeug, Ersatztelefone, Headsets sowie Ersatzbatterien für selbige, Kopien der Handbücher und des Einsatzleiterhandbuches, Stundenzettel, wichtige Informationen für die Mitarbeiter und Einsatzleiter, Anleitungen für Telefonanlagen, Passwörter für die Computer, Aufkleber mit Informationen die häufig verwendet werden (Telefon-, Faxnummer, Internetadressen), sonstige Gerätschaften wie ausreichend Faxgeräte, Kopierer, Papiershredder; Sicherung des Raumes und Zugangskontrolle nur für Berechtigte.

Alarmierung aller Beteiligten im Krisenfall: Tritt der Krisenfall ein, wird der Dienst habende Einsatzleiter alarmiert (ggf. auch sein Stellvertreter). Es folgt die anschließende Benachrichtigung (im Schneeballsystem) aller Mitglieder des Einsatzteams; erste Auswertung der Information und Vornahme einer Einstufung der Krise; anschließende Benachrichtigung aller weiteren Partner und Mitglieder, die für die jeweilige Einstufung der Krise nötig sind.

Alle relevanten Maßnahmen sowie die Befehls- und Kommandostruktur: Entscheidend ist die Festlegung der Befehls- und Kommandostruktur mittels Organigramm/Diagramm. Das bedeutet, dass im Krisenfall sehr viele Einzelentscheidungen getroffen werden müssen, die durchaus schwerwiegende Folgen finanzieller, rechtlicher und auch medizinischer Art haben können. Für die professionelle Abwicklung ausgesprochen wichtig ist eine klare Unter- und Überstellung. Es muss klar geregelt sein, wer welche Art von Entscheidungen in der Wirkung bis zu welcher finanziellen Höhe treffen darf und wer nicht. In dieser Entscheidungsstruktur müssen alle Entscheider (sowohl aus dem eigenen Unternehmen als auch die Entscheider aus den Partnerunternehmen, z. B. Unternehmensführung einer Reiseversicherung, die die Kunden versichert hat) beteiligt sein:

- Aufgabenfestlegung nach Teamleiter/Einsatzleiter und dem Team, Zuständigkeiten, wer Aufträge für Rückholung erteilen darf, wer Informationen an die Presse weitergeben darf, mit entscheidenden Stellen Kontakt hält und Arbeitsaufträge verteilt;
- strengstens auf Datenschutz achten und nach Beendigung des Einsatzes werden alle Informationen datenschutzgerecht entsorgt;
- der Einsatzleiter oder sein Stellvertreter hat für die reibungslose interne Organisation zu sorgen;

- Verstärkung und/oder Austausch von Mitarbeiter, Verpflegung, regelmäßige Versorgung mit Informationen, Einhaltung der Bestimmungen des Arbeitszeitgesetzes;
- Aufteilung der Aufgabenkette;
- Gesprächsannahme, weitere Bearbeitung, Aufnahme und Speicherung der Informationen, Weiterleitung zur Entscheidung, Ablage und Vernichtung der Informationen;
- Übergabe/Schichtwechsel während des Einsatzes.

Ende des Einsatzes: Die Beendigung des Einsatzes erfolgt nach vorher genau definierter Situation und Überlegung. Der Einsatzleiter erstellt einen umfassenden Abschlussbericht zur Dokumentation aller Abläufe und durchgeführten Maßnahmen, gefolgt von einer Auswertung und einem Briefing mit den Mitgliedern des Teams.

3.5   Risikomanagement

Risikomanagement ist die systematische Erfassung und Bewertung von Risiken sowie die Steuerung von Reaktionen auf festgestellte Risiken. Es ist ein systematisches Verfahren, das in vielfältigen Bereichen Anwendung findet (z. B. bei Unternehmens-, Kredit-, Finanzanlage-, Umweltrisiken, bei versicherungstechnischen und technischen Risiken). Risikomanagement beschreibt, die Handhabung der Risiken, die sich somit aus der unternehmerischen Tätigkeit und dem Handeln ergeben.

Was ist Risiko? **Risiko ist die mit der Ungewissheit der Zukunft begründete und durch Störungen verursachte Gefahr, geplante Ziele zu verfehlen.** Mögliche Störungen und Risiken im Tourismus können u. a. sein: sehr starke Währungsschwankungen, die die Kalkulation eines Reiseveranstalters zunichte machen; Erhöhungen der Kerosinpreise; gesetzliche Änderungen bezüglich der Besteuerung von Unternehmen und Leistungen; Tarifabschlüsse für Mitarbeiter; neue Bewertung und Einstufung des Unternehmens (z. B. nach Basel II, bedeutsam bei der Finanzierung); plötzliche wirtschaftliche und politische Instabilität im Zielgebiet bis hin zum Marktaustritt der gesamten Destination; Insolvenz eines Leistungsträgers (z. B. Fluggesellschaft, Hotelkette), die für die gesamte Saison vertraglich verpflichtet wurde; Kündigungswelle von Mitarbeiter, die für das Unternehmen als unverzichtbar gelten; Kündigung der Miträume durch den Vermieter bzw. Erhöhung des Mietzinses; Erweiterung der Ladenöffnungszeiten (z. B. bei Unterbringung von Reisebüros in Einkaufzentren) und die daraus resultierenden höheren Lohnkosten.

3.5.1   Aufgaben des Risikomanagements

Dem Risikomanagement kommen im Wesentlichen folgende Aufgaben zu: Festlegung einer Risikomanagementstrategie, Identifikation von Risiken, Bewertung der Risikowirkung und die Bewältigung der Risiken, Steuerung der Risikoabwehr, Monitoring, also Früherkennung und Strukturierung und Dokumentation in einem Risiko-Managementsystem.

Identifikation der Risiken: d. h. Erkennung der Risiken, denen das Unternehmen ausgesetzt ist. Hier ist eine umfassende Bestandsaufnahme aller Risiken, denen sich das Unternehmen ausgesetzt sieht, vorzunehmen. Die Schwierigkeit besteht hier darin, dass viele Tatbestände und Gegebenheiten nicht mal ansatzweise als Risiko empfunden werden und somit als solches gar nicht erkannt werden. An dieser Stelle wäre es gerade für kleine und mittelständische Unternehmen sinnvoll, anhand einer Checkliste alle Tatbestände, Verträge, Abhängigkeiten, Verpflichtungen aufzuzählen und sich die daraus resultierenden Konsequenzen als mögliches Risiko vorzustellen.

Bewertung der Risikowirkung: d. h. die Bewertung des Risikos hinsichtlich der Höhe und Eintrittswahrscheinlichkeit. Kleinere Risiken und Störungen können ggf. leicht gelöst werden. Für komplexe Störungen und Risiken, für die keine Handlungsanleitungen und Vorgehensweisen definiert sind, empfiehlt sich die Zerlegung des Problems in kleine Einheiten und die Bewältigung der „kleineren Risiken". Hierbei sollten alle Möglichkeiten der Improvisation und der Disposition ausgeschöpft werden.

Bewältigung des Risikos: Die Bewältigung erfolgt durch Beeinflussung der Risikosituation. Dabei sind unterschiedliche Regeln zu beachten:

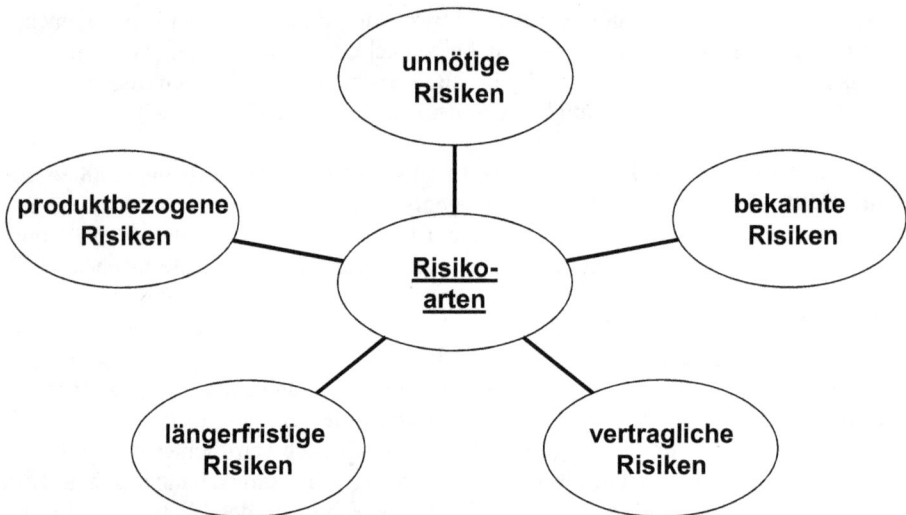

Abb. 3.12   *Regeln bei der Risikobewältigung*

▨   **unnötige Risiken** sind zu vermeiden, das bedeutet keine Verschuldung, keine riskanten Handlungen im Sinne von Kalkulationen, keine Erschließung neuer Destinationen mit noch einem ungewissen Risikofaktor, suboptimale Personal- und sonstige Kosten u. a.;

▨   **bekannte Risiken** sind zu vermindern, z. B. durch neue Vertragsgestaltung oder durch Wechsel der Geschäftspartner. Hier sollten ggf. Rücklagen und Rückstellungen gebildet werden für den Fall, dass das Risiko akut wird;

- **vertragliche Risiken** können durch die Allgemeinen Geschäftsbestimmungen vermindert werden, wobei eine totale Absicherung durch die AGBs, i. d. R. durch die gesetzlichen Bestimmungen kaum möglich ist;
- **längerfristige Risiken** können durchaus durch langfristige Verträge mit Öffnungsklauseln und entsprechenden Versicherungen abgesichert werden, eine Absicherung des Unternehmerrisikos ist jedoch nicht versicherbar;
- **produktbezogene Risiken** können gestreut werden, beispielsweise durch eine Produkt- oder Sortimentsdiversifikation. Das bedeutet eine entsprechende Ausweitung der Produkt- und Sortimentspalette auf gleicher Produktstufe oder auf der vor- und/oder nachgelagerten Produktstufe. Laterale Diversifikationen (Produktstufenerweiterung um branchenfremde Produkte) kann auch angedacht und umgesetzt werden. Jedoch besteht hier die Gefahr, neue Risiken einzugehen, da man in den jeweiligen Branchen u. U. keine Kompetenz besitzt.

Aus diesen Regeln ergibt sich Handlungsbedarf, der abhängig von dem jeweiligen Unternehmen unterschiedlich umgesetzt wird. Touristik-Konzerne gehen diese Probleme analytisch und pragmatisch an, haben eine sehr breite Produktstreuung, flexible Verträge mit Geschäftspartnern, strategische Vertragsbindungen, ändern ihre Kalkulationsansätzen und -methoden, sichern sich ihre Einkaufswährungskurse durch Banken ab, und wenn ein Beschaffungs- und Kapazitätsengpass ausgemacht wird, wird ggf. eine Fluggesellschaft gekauft, gegründet oder sich an ihr beteiligt. Ebenso kann im Bereich der Beherbergung verfahren werden. Dies zeigt sich an der Menge der steuerbaren Bettenkapazitäten über die vertikal-integrierte Touristik-Konzerne heute verfügen.

Kleine Reiseunternehmen, inhabergeführte Reisebüros, Verkehrsbetriebe, Nischenveranstalter treffen oftmals intuitiv die richtige Entscheidung, sind sich der Risiken bewusst, ohne das diese problematisiert werden. Dennoch wird eine zielgerichtete Analyse auch für diese Unternehmen immer wichtiger, da sich in dem wirtschaftlichen Geschehen die Spielregeln immer schneller ändern.

3.5.2 Risikoverminderung und Risikovermeidung

Risikoverminderung und Risikovermeidung kann erfolgen durch:

Umwandlung von fixen Kosten in variable Kosten, u. a. durch Outsourcing von Abteilungen oder Unternehmensbereichen (z. B. Reinigung, Druckerei, Buchhaltung). Variable Kosten dürfen durchaus etwas höher sein, sie fallen nur dann an, wenn ein Arbeitsauftrag vorliegt.
Diversifikation, d. h. Ausweitung der Produkt- und Dienstleistungspalette um somit Nachfrageeinbrüche in einem Bereich oder Geschäftsfeld zu kompensieren. Spezialisten und Nischenveranstalter haben durchaus ihre Vorzüge (z. B. verfügen sie über eine gewisse Produkt- und Sortimentstiefe, Kompetenz, hohe Beratungsqualität), jedoch können jederzeit Umstände eintreten, die das Unternehmen nicht beeinflussen kann.

Leasing (Finanz- oder Kaufleasing) statt Kauf: somit wird die Kapitaldecke geschont, Leasing ist steuerlich interessant, sichert i. d. R. eine optimale Liquidität (jedoch keine Möglichkeiten, die Verträge ohne Abstandszahlungen zu kündigen).

Qualitätsmanagement: sichert hohen Anteil an Stammkunden, eine geringe Reklamationsquote und sorgt für ein gutes Image bei Kunden und Nichtkunden.

Schlanke Unternehmensstrukturen sowie klare Entscheidungs- und Kommunikationshierarchien helfen, viel Geld zu sparen, und somit Risiken zu vermeiden bzw. zu minimieren.

Intelligente Verträge: viele Verträge, die heute geschlossen werden, sind Standardverträge; die jeweilige Zielsetzung, die mit der Vertragsschließung verbunden ist, wird i. d. R. nicht genügend berücksichtigt. Hier ist es sinnvoll, immer im Rahmen der gesetzlichen Möglichkeiten, Verträge individuell zu gestalten.

Risikomanagement sollte mit der gleichen Selbstverständlichkeit und Hingabe wie andere Führungsaufgaben erledigt und wahrgenommen werden.

3.6   Qualitätsmanagement

Qualität von Produkten und Dienstleistungen ist nicht zeitpunkt-, sondern zeitraumbezogen und als eine komplexe Erscheinung zu betrachten. Qualität kann in vielen Ausprägungen und in einer Gesamtheit von Merkmalen verstanden werden. Die Orientierung bzw. die Verwendung des Begriffes *Qualität* (*Pompl/Lieb* 1997 in Anlehnung an *Garvin*) kann unterteilt werden in: „absolute", „produktbezogene" „kundenbezogene", „herstellungsorientierte" und „wertebezogene" Qualität. Alle Qualitätsbegriffe können unter Total Quality, also unter der Gesamtqualität zusammengefasst werden. Qualitätsmanagement macht nur unter diesem Aspekt für das touristische Unternehmen Sinn. Zu den Eckpfeilern des Total-Quality-Managements gehören nach *Pompl/Lieb* die Kundenzufriedenheit, Mitarbeiterzufriedenheit, Umwelt- und Sozialverträglichkeit und der Eigentümernutzen.

3.6.1   Dimensionen der Qualität im Tourismus

Touristische Produkte und Dienstleistungen können in folgende Dimensionen unterteilt werden.

inhaltliche Dimensionen	Sie werden bestimmt von: • technische Qualität (z. B. Standards, Umfang der Leistung, Prestigezuwachs durch die gekaufte Leistung); • funktionale Qualität (z. B. zeitliche Ablauf der Dienstleistungssequenz, Kommunikation/Interaktion zwischen Leistungsträger und Kunde).	
zeitliche Dimensionen	Potenzialqualität	Die Potenzialqualität spielt bei der Buchungsentscheidung eine entscheidende Rolle und betrachtet den Anbieter einer touristischen Dienstleistung oder eines Produktes hinsichtlich seines Know-hows, Qualifikation der Mitarbeiter, Image, Lieferanten u. a.
	Prozessqualität	Die Prozessqualität qualifiziert den Leistungsbezug eines touristischen Anbieters. Kriterien der Messung bzw. Betrachtung sind die Kompetenzen des Anbieters, die gebotenen Sicherheiten, die Fähigkeit der Mängelbeseitigung, Erreichbarkeit u. a.
	Ergebnisqualität	Die Ergebnisqualität ist das Ergebnis/Verhältnis zwischen der erwarteten und der wahrgenommenen Qualität und mündet im Reiseabschluss.
formale Dimensionen	Wahrnehmbarkeit	Wie nimmt der Kunde Qualitäten war, nach welchen Kriterien wählt er Produkte und Dienstleistungen aus? Der Wirkungsgrad bzw. die Problemlösungskompetenz sowie die Erfahrung mit den Produkten und Dienstleistungen eines Herstellers spielen bei der Wahrnehmbarkeit eine wesentliche Rolle.
	Messbarkeit	Qualität kann objektiv messbar und subjektiv einschätzbar sein.
	Beurteilungsgrundlage	Hierzu zählen aus Sicht des Beurteilers der Produzent, die Mitarbeiter, der Vertrieb und der Nutzen, den das Produkt stiftet ebenso wie konkurrierende Produkte und Normen.

Abb. 3.13   *Dimensionen von Qualität*   *(Quelle: in Anlehnung an Pompl/Lieb 1997)*

3.6.2   Total-Quality-Management im Tourismus

Unter Total-Quality-Management (TQM) versteht man ein umfassendes Qualitätsmanagement. TQM basiert auf der Mitwirkung aller Teilnehmer am Einkaufs-, Erstellungs- und Vertriebsprozess eines Unternehmens mit dem Ziel, die Qualität der Leistungen/Produkte sowie die Zufriedenstellung der Kunden in den Mittelpunkt zu stellen. Die Grundsätze des Total-Quality-Managements sind:

• Der Qualitätsgedanke/die Qualität kann nicht delegiert werden, sondern er muss von allen Beteiligten gelebt werden.
• TQM wird durch eine überzeugende und nachhaltige Führung (idealerweise durch die oberste Führungsebene) gefördert, denn der TQM-Gedanke muss von den Füh-

rungspersönlichkeiten vorgelebt werden; Ausbildung und Schulung aller Mitglieder des Unternehmens/der Organisation sind eine Grundvoraussetzung.

• TQM basiert auf der Mitwirkung aller Mitglieder eines Unternehmens/einer Organisation, deren Kunden, Geschäftspartner und Lieferanten.

• TQM ist eine umfassende Managementmethode, bei der die Qualität in den Mittelpunkt rückt, wobei sich die Qualität auf das Erreichen aller Managementziele versteht. Darüber hinaus steht die Zufriedenstellung der Kunden im Zentrum, die darauf zielt, folgende Zielsetzungen zu erfüllen: langfristiger Geschäftserfolg, Nutzen für die Mitglieder des Unternehmens/der Organisation, die Gesellschaft, die Eigentümer zu schaffen sowie die Umwelt- und Sozialverträglichkeit der Produkte oder Dienstleistungen zu gewährleisten.

T	Einbeziehung aller Mitarbeiter, Kunden, Geschäftspartner und Lieferanten; gerade im Tourismus spielen die Lieferanten und Geschäftspartner im Wirkungsprozess eine sehr wichtige Rolle, denn der Anteil der Fremdleistungen eines Reiseveranstalters an einer Pauschalreise beträgt üblicherweise ca. 60% bis 80%. Das bedeutet, dass die Qualität einer Reiseleistung bis zu 80% von den Lieferanten abhängt. Die in den letzten Jahren angeschobenen Integrationsprozesse im Tourismus wurden zum Teil auch mit der Sicherung der Qualität auf allen Wertschöpfungsstufen begründet. Dadurch, dass ein Reiseveranstalter sich an seinen ehemaligen Lieferanten beteiligt, hat neben dem Aspekt der Kapazitätssicherung auch sehr viel mit Qualitätssicherung zu tun.
Q	die Qualität der Arbeit, der Prozesse, der Beratung und des Unternehmens, aus denen sodann die Qualität der Produkte wie selbstverständlich erwächst. Dies ist sowohl bei Reiseveranstalter als auch bei Vertriebsorganisationen an der Gestaltung einheitlicher Produktionsplattformen erkennbar. Der Qualitätsgedanke soll sich von Anfang an wie ein roter Faden und eine permanente Anforderung durch den gesamten Erstellungsprozess des Produktes und/oder der Dienstleistung ziehen.
M	Hervorhebung der Führungsaufgabe Qualität; aus Sicht der Wissenschaft kann TQM als Führungslehre und aus Sicht der Unternehmen als Führungsmodell gelten. Das bedeutet, dass der Qualitätsgedanke von den Führungspersönlichkeiten den Mitarbeitern gegenüber vorgelebt werden muss und nicht delegiert werden soll.

Abb. 3.14   Grundpfeiler des TQM – Total-Quality-Managements

Verbesserte Qualität bedeutet verbesserte Produktivität. Daraus resultieren sodann sinkende Kosten, wettbewerbsfähigere Preise und damit gehen i. d. R. höhere Marktanteile, sichere Arbeitsplätze und eine generelle Festigung des Unternehmens einher. Das alles führt zu einem langfristigen wirtschaftlichen Erfolg des Unternehmens und trägt zu dessen Existenzsicherung bei. Die Schwierigkeit im Qualitätsmanagement besteht im Spannungsfeld der Zielsetzung der Bereiche, Qualität, Kosten und Zeit. Versucht ein Unternehmen, Qualität, Kosten und Zeit als gleichwertige Ziele zu definieren, ergibt sich daraus ein unlösbares Optimierungsproblem. Die bessere Justierung eines Bereiches wird immer auf dem Rücken der anderen Bereiche ausgetragen.

Vielmehr muss die Qualität als oberstes Unternehmensziel betrachtet werden, dem sich die Zeit und die Kosten unterordnen. Dadurch erst werden Kosten und Zeit gespart und dennoch wird eine hohe Unternehmens-, Prozess und Produktqualität erzielt. Gelebte und umgesetzte Qualität im Tourismus bedeutet u. a.:

- glaubhafte, wahre, ansprechende und nutzerfreundliche Kataloge der Reiseveranstalter;
- kompetente, neutrale und sachliche Beratung im Reisebüro;
- gepflegte, saubere, ruhige und stressfreie Beratungsatmosphäre im Reisebüro;
- reibungsloser Ablauf am Check-in-Schalter der Fluggesellschaften an den Flughäfen;
- pünktlicher Abflug und Ankunft im Zielgebiet;
- freundliche und kompetente Flugbegleiter;
- freundlicher Empfang im Zielgebiet;
- reibungsloser und professioneller Ablauf bei der Verteilung der Gäste auf die Transferbusse;
- freundlicher Empfang im Hotel, zügiger Check-in und Verteilung der Gäste auf die Zimmer;
- freundliche, saubere und technisch einwandfreie Zimmer;
- saubere und hygienische sanitäre Einrichtungen.

Die von den Gästen empfundene Qualität kann sich von der objektiven Qualität des touristischen Anbieters ganz erheblich unterscheiden! An der Erstellung einer touristischen Leistung sind mehrere Glieder der touristischen Wertschöpfungskette beteiligt: Reisebüros, Reiseveranstalter, Fluggesellschaft, Hotel, Zielgebietsdestination, Transferunternehmen, Reiseleiter. Demzufolge liegt die Schwierigkeit darin, eine durchgängige und nachhaltige Qualität auf allen Stufen der Wertschöpfung bzw. bei allen am touristischen Leistungsprozess beteiligten Unternehmen zu erzeugen.

Die Sichtweise der Qualitätsbeurteilung ist sehr differenziert zu betrachten und wird von jedem Teilnehmer anders beurteilt. So wird der Kunde die Qualität immer subjektiv und nach Empfindung beurteilen, während der Produzent eher objektiv beurteilt (*Pompl/Lieb 1997*).

Qualität aus Unternehmenssicht (objektiv)	Qualität aus Kundensicht (subjektiv)
• die Leistung entspricht den Vorgaben und Standards und ist „wie geplant" erstellt worden; • die Leistung ist fehlerlos; • die Leistung ist funktionstauglich; • die Zielvorgabe und das Leistungsergebnis wurden erreicht.	• die Leistung erfüllt die Erwartungen des Kunden; • der Kunde ist zufrieden; • die Leistung wurde überdurchschnittlich erfüllt; • sowohl der Leistungsprozess als auch das Leistungsergebnis wurden zur Zufriedenheit des Kunden erbracht.

Abb. 3.15   Qualität aus Unternehmens- und aus Kundensicht

3.7   Projektmanagement

Projektmanagement bedeutet die Planung und Durchführung einmaliger Vorhaben. Ein einmaliges Vorhaben könnte die Entwicklung eines neuen Produktes sein, die Umstellung auf eine andere Software, der Umzug und Bezug eines neuen Bürogebäudes und der Aufbau einer neuen Produktlinie. Projekte zeichnen sich durch die Merkmale Einmaligkeit, zeitliche Begrenzung, hohe Komplexität, Umfang (geht über einzelne Unternehmensbereiche hinaus) und durch ein hohes Risiko (meist finanzieller Natur) aus.

3.7.1   Projektmanagement im Tourismus

Im Tourismus, als aufstrebende und sich in ständigem Wandel befindliche Branche, ist Projektmanagement eine häufig anzutreffende Managementform, da viele Vorgänge erstmalig und mit einem hohen Komplexitätsgrad und Risiko verbunden sind. Nachfolgende, für den Tourismus typische Situationen für Projektmanagement sind u. a. Fusionen im Reisemarkt, Planung von Events und Veranstaltungen, Einführung eines neuen IT-Systems, Aufbau einer neuen Destination, Aufbau einer neuen Produktlinie/Produktgruppe, Einführung von Lean-Management oder eine andere Managementform.

■ Fusionen im Reisemarkt

Durch die starke Mittelstandsprägung und der damit einhergehenden Gefahr des Marktaustrittes kam es in der Vergangenheit zu Konzentrationsprozessen. Viele Unternehmen leiteten eine Phase der Konsolidierung ein. Eine Möglichkeit bestand in der Fusion mit anderen Unternehmen. Da eine Fusion für jedes Unternehmen eine nicht alltägliche Aufgabe ist, ist die Unternehmensführung i. d. R. etwas überfordert. Es gilt Projektgruppen einzusetzen, die das Vorhaben prüfen und zu einer Entscheidungsvorlage für die Geschäftsleitung aufbereiten. Die Tätigkeiten bzw. Aufgaben für die eine Projektgruppe eingesetzt werden kann, sind u. a. Due-Diligence-Prüfung, Post Merger-Integration, Prüfung der Integrationsgrade einer Fusion (z. B. Erhaltung, Symbiose oder Absorption mit den jeweiligen Chancen und Risiken), Prüfung des Grades der Vereinheitlichung der einzelnen Integrationsgrade, rechtliche Prüfung der Möglichkeiten einer Fusion hinsichtlich einer möglichen Kollision mit dem Kartellrecht, Überprüfung der Chancen (z. B. Realisierung von Synergien, Risikominimierung, Optimierung der Strategien) und Überprüfung der Risiken, die durch eine Fusion entstehen (z. B. Probleme bei der Realisierung von Synergien, Verschlechterung des Unternehmenswertes). Die eingesetzten Projektgruppen werden in diesem Fall aus Führungs- und Fachkräften des Unternehmens, aber auch aus externen Beratern zusammengesetzt.

■ Veranstaltungen und Events

Gerade im Tourismus, wo eine Dienstleistung erstellt wird, die ein Trägermedium benötigt, um den Kunden aber auch den Verkäufern die Leistung näherzubringen, werden viele Events und Veranstaltungen als Teil der Kommunikationspolitik durchgeführt. Ein Event ist eine Veranstaltung, die durch die Einmaligkeit des Ereignisses in der Wahrnehmung der Besucher zu einer besonderen Veranstaltung wird. Demzufolge müssen die Organisation und die Inszenierung hervorragend sein. Events sind inszenierte Ereignisse im Rahmen der Unternehmenskommunikation, die durch erlebnisorientierte firmen- oder produktbezogene Darstellungen emotionale und physische Reize darbieten und einen starken Aktivierungsprozess beim Besucher auslösen. Typische Veranstaltungen im Tourismus sind u. a. Messen, Ausstellungen und Verkaufsveranstaltungen, Kongresse, Konferenzen und Tagungen, Feste, Jubiläen und Feiern, Produktpräsentationen und Tourneen, Seminare, Schulungen, Informationsreisen und Vortragsreihen. Prominente Beispiele für Events und Veranstaltungen im Tourismus sind die Internationale Tourismus Börse (ITB) in Berlin, der fvw Zukunftskongress in Köln und diverse Produktschulungen und Reiseakademien mancher Reiseveranstalter.

Jedes Event ist eine Veranstaltung, aber nicht jede Veranstaltung ist ein Event. Die Organisation erfolgt bei beiden über Projektmanagement, d. h. es werden eindeutige Zielvorgaben formuliert, es wird eine zeitliche, personelle und finanzielle Begrenzung ausgesprochen, die Veranstaltung/Event weist einen hohen Komplexitätsgrad auf (z. B. die ITB findet zwar jedes Jahr statt, dennoch ist der Auftritt von Jahr zu Jahr verschieden, die Pavillons sind anders gestaltet, der Standort kann ein anderer sein). Die Projektorganisation und Veranstaltungsplanung erstreckt sich auf die Zielsetzung der Veranstaltung bzw. des Events, auf den Teilnehmerkreis (z. B. intern und extern), die Termin- und Ortsfestlegung (wenn nicht schon vorgegeben), die Personalkapazitäten (interne und externe Mitarbeiter), das Rahmenprogramm (z. B. mit Künstlern, Vortragenden aus Wirtschaft und Politik), das Budget, die Finanzierung, die Suche nach Sponsoren sowie die Nachbereitung.

3.7.2   Phasen des Projektmanagements

Zunächst wird die Form der Projektorganisation festgelegt. Zu unterscheiden sind die totale Projektorganisation, die Stabsprojektorganisation und die begrenzte Projektorganisation. Letztere ist am häufigsten im Tourismus anzutreffen.

▪ Totale Projektorganisation
Die Projektgruppe wird für die Dauer des Projekts vollständig aus der/den Fachabteilungen herausgelöst. Bei dieser Form der Projektführung hat der Projektleiter großen Einfluss, verfügt über weitreichende Kompetenzen und Befugnisse. Kompetenzabgrenzungsprobleme sind bei dieser Form gering, da die Projektgruppe voll dem Projektführer untersteht. Als Anwendungsfall ist sie im Tourismus bei Unternehmensübernahmen, beim Aufbau kompletter Geschäftsbereiche und überwiegend in der Markenhotellerie anzutreffen.

▪ Stabsprojektorganisation
Die Projektgruppe wird für die Dauer des Projektes nicht aus ihren Abteilungen herausgelöst, d. h. die Mitglieder des Projektes unterstehen nach wie vor ihren Fachabteilungen. Der Projektleiter hat nur die Aufgabe der Koordination und damit wenig Einfluss auf das Projektgeschehen. Die Entscheidungsbefugnisse und -kompetenzen

liegen bei den Fachabteilungen. Im Tourismus wird sie bei Etablierung einer neuen Organisationsform oder bei Einführung eines neuen IT-Systems angewendet.

■ Begrenzte Projektorganisation

Die Projektgruppe wird für die Dauer des Projektes aus der Fachabteilung zum Teil herausgelöst. Diese Form wird auch als Matrix-Projektorganisation bezeichnet, weil hier eine Doppelunterstellung des Projektmitarbeiters gegeben ist. In technischen Fragen untersteht er seiner Fachabteilung, in kaufmännischen Fragen untersteht er dem Projektleiter. Diese Doppelunterstellung kann zwischen den Aufgabenträgern u. U. zu Kompetenzproblemen führen. Als Anwendungsfall im Tourismus liegt sie beim Aufbau neuer Destinationen, Flugrouten, Katalogerstellung vor.

Nach der Festlegung der Form der Projektorganisation erfolgt die eigentliche Gestaltung. Die Projektorganisation wird vom Projektmanagement vorgenommen und strukturiert die Gestaltung des Projekts in zwei Phasen: die Projektaufbauorganisation und die Projektablauforganisation.

In der Phase der **Projektaufbauorganisation** werden die Formen der Projektführung vom Projektleiter festgelegt.

■ Projektleiter

Der Projektleiter ist eine Führungskraft und er trägt die gesamte Verantwortung für das erfolgreiche Gelingen des Projektes und ist demzufolge mit umfangreichen Befugnissen ausgestattet. Anforderungen an den Projektleiter sind u. a. seine persönlichen Qualifikationen (Teamfähigkeit, Durchsetzungsvermögen, Kooperationsbereitschaft, Verhandlungssicherheit und Verhandlungsgeschick, Konfliktfähigkeit) sowie seine fachlichen Qualifikationen (Kenntnisse, Fertigkeiten und Erfahrungen im Umgang mit Organisationsmethoden sowie Organisationstechniken). Als Projektmanager sorgt er für laufende Projektabstimmung, arbeitet Vorschläge zur Lösung auftretender Probleme aus, sammelt und wertet Informationen aus, koordiniert die Beiträge der Projektmitglieder. Seine Weisungs- und Entscheidungsbefugnisse sind von der jeweiligen Form der Projektorganisation abhängig.

■ Projektleitung

Die Merkmale der Projektleitung sind die Planung, Steuerung und Kontrolle der Termine, des Budgets, des Personaleinsatzes, des sachgerechten Einsatzes von Sachmittel. Sie trägt Verantwortung und verfügt über Anweisungs-, Entscheidungs- und Informationsbefugnis. Ohne die erforderlichen Kompetenzen kann die Projektleitung, die ihr übertragenen Aufgaben nicht erfolgreich erfüllen. Die Art der Befugnis hängt vom jeweiligen Projekt ab.

■ Projektgruppen

Projektgruppen sind in der Regel nur zeitlich begrenzt mit dem Projekt beschäftigt, oftmals hauptamtlich und vollzeitlich im Rahmen ihrer dienstlichen und beruflichen Verpflichtung. Maßgebend für die Planung und Festlegung einer Projektgruppe ist die Projektaufgabe und ihre Komplexität, die Notwendigkeit zur Nutzung unterschiedlicher Kenntnisse und Erfahrungen und die Einbeziehung der Fachabteilungen in die Projektarbeit.

In der Phase der **Projektablauforganisation** werden die Strukturen der Prozesse und die Projektphasen festgelegt.

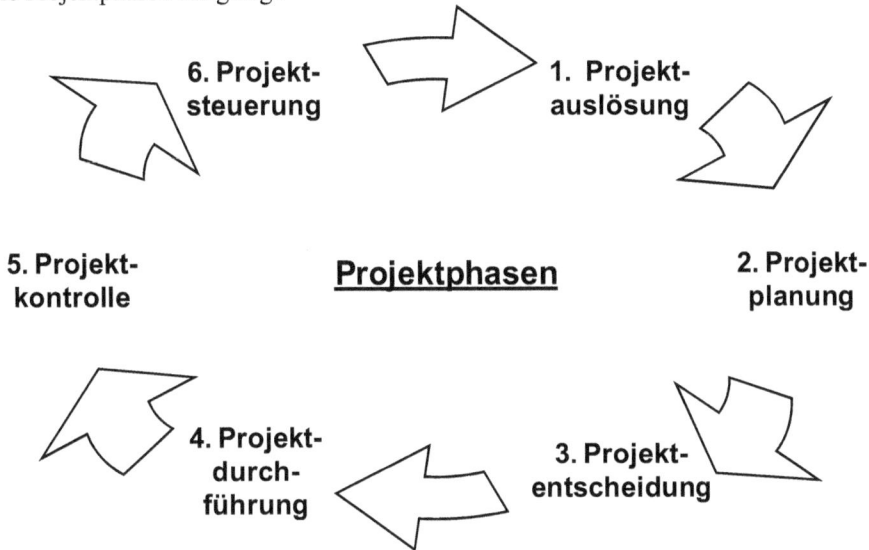

6. Projekt-steuerung

1. Projekt-auslösung

5. Projekt-kontrolle

Projektphasen

2. Projekt-planung

4. Projekt-durch-führung

3. Projekt-entscheidung

Abb. 3.16   Projektphasen

Phase: Projektauslösung

Der Ablauf eines Projektes beginnt mit der Projektauslösung, die nicht zufällig erfolgen sollte. Die Projektauslösung ist sehr sorgfältig zu planen, um die Projektkosten zu begrenzen. Die Projektauslösung umfasst drei Schritte:

- **Problemerkennung**: ist Ausgangspunkt eines Projektes. Als Problem kann die Abweichung zwischen einem gewünschten Soll-Zustand und einem vorzufinden-den Ist-Zustand gesehen werden. Der Problemerkennung kommt für den weiteren Verlauf des Projektablaufs und vor allem dem gewünschten Ergebnis große Bedeutung zu. Die Problemerkennung sollte nach objektiven Maßstäben erfolgen.
- **Problemanalyse**: damit werden die wesentlichen Ausprägungen des Problems ermittelt. Diese können mittels einer Schwachstellenanalyse ermittelt werden. In der Praxis wird hier sehr häufig mit Checklisten und Kennzahlen gearbeitet (Vergleich zwischen den Vorgaben und dem tatsächlichen Zustand). Die Problemanalyse umfasst die sorgfältige Untersuchung des Problems, die Feststellung und Bedeutung des Problems, die Ermittlung der Ursachen für das Problem sowie die Ausarbeitung von Ansätzen zur Lösung des Problems.
- **Projektdefinition**: baut auf die Ergebnisse der Problemerkennung und der Problemanalyse. Die Projektdefinition ist die genaue Festlegung der konkreten Projektaufgaben und der Projektziele.

2. Phase: Projektplanung

Projektplanung ist die vorausschauende Festlegung der Projektdurchführung im Rahmen der Projektablauforganisation. Sie umfasst folgende Planungen:

- **Aufgabenplanung**: die Aufgabenplanung beinhaltet die Ermittlung aller anfallenden Aufgaben eines Projektes und die Festlegung der voraussichtlichen Arbeitsabläufe;
- **Personalplanung**: mit Hilfe der Personalplanung wird der Personalbedarf für die Projektgruppe ermittelt, die zur Projektdurchführung eingesetzt werden soll;
- **Terminplanung**: dient dazu, die benötigten Zeiten zu ermitteln, z. B. unter Verwendung der Netzplantechnik oder der Balkendiagrammtechnik;
- **Sachmittelplanung**: beinhaltet die Planung der Projektmittel, z. B. Arbeitsplätze, Arbeitsräume, Büromaschinen, Arbeitsmittel, Kommunikationsmittel;
- **Kostenplanung**: plant nur die projektbezogenen Kosten für z. B. Personal, Material oder benötigtes Kapital. Ferner sind die Kosten als einmalige oder dauerhafte Systemkosten zu planen. Einmalige Kosten sind Kosten, die durch den Übergang vom alten auf das neue System entstehen und nur einmal anfallen. Dauerkosten sind laufende Systemkosten, die während der gesamten Projektdauer und ggf. darüber hinaus noch als regelmäßige Wartungs- und Überprüfungskosten anfallen.
- **Wirksamkeitsplanung**: bezieht sich auf die Kontrolle der Projektdurchführung und der Systemgestaltung.

3. Phase: Projektentscheidung

Die Projektentscheidung folgt als dritte Stufe im Projektablauf. Auch diese Stufe umfasst mehrere Schritte:

- **Projektwertung**: dient als unmittelbare Vorbereitung der Projektentscheidung. Üblicherweise liegen der Beseitigung eines Problems mehrere Alternativen zugrunde. Zum Beispiel könnte dies eine Verbesserung des bisherigen Systems oder aber eine komplette Ablösung des Alten und die Neueinführung eines neuen Systems bedeuten. Die Alternativen sind auf ihre Vorteilhaftigkeit hin zu untersuchen. Man bedient sich hier u. a. der Nutzwertrechnung, der Wertkostenanalyse und der statischen oder dynamischen Investitionsrechnung.
- **Projektentscheidung**: die unmittelbare Projektentscheidung für eine Alternative wird auf der Basis der Projektwertung getroffen. Die Entscheidung wird i. d. R. von der Unternehmensführung getroffen, da die Auswirkungen die Unternehmensziele kurz-, mittel- und langfristig direkt beeinflussen können. Sehr häufig wird hier in der betrieblichen Praxis ein Ausschuss eingesetzt, bestehend aus externen Beratern, aber auch aus Mitarbeitern des Unternehmens, der die Vorlagen für die Entscheidungsfindung durch die Führung des Unternehmens erarbeitet.
- **Projektvorgabe**: gilt als Abschluss der Projektentscheidung und kann in einem Projektauftrag oder einem Organisationsauftrag bestehen. Hier sollten folgende Angaben in schriftlicher und präziser Form festgehalten werden: Auftragsdefinition, Anlass, Auftragsmittel und ggf. Hinweise zur Auftragsdurchführung.

4. Phase: Projektdurchführung

■ 5. Phase: Projektkontrolle

Projektkontrolle besteht in einem Vergleich der geplanten und realisierten Größen sowie der Analyse möglicher Soll/Ist-Abweichungen. Die Kontrolle der Projektdurchführung umfasst die Feststellung der IST-Daten, die mit Hilfe des Berichtswesens gesammelt werden, die Ermittlung der Abweichung zu den SOLL-Daten (Vorgaben) sowohl als absolute Zahl als auch als Prozentwert, die Analyse der Abweichungsursache, die vom jeweils zu lösenden Problem abhängig sind, die Feststellung der Beeinflussbarkeit von Abweichungsursachen. Sind die Abweichungsursachen beeinflussbar, werden Maßnahmen zu deren Beeinflussung eingeleitet. Eine Änderung des Projektplanes sollte jedoch nicht vorgenommen werden, denn er darf durch Korrekturen (möglicherweise ist dies ja nicht die einzige Korrektur) seinen Vorgabecharakter nicht verlieren. Die Kontrolle der Systemgestaltung ist wesentlich schwieriger durchzuführen, da ein direkter Soll/Ist-Vergleich nicht möglich ist. Ein vorgegebenes Ziel ist ein Ausdruck von Wunschvorstellungen, deren Erreichbarkeit nicht immer sichergestellt ist.

■ 6. Phase: Projektsteuerung

Die Projektsteuerung umfasst alle Maßnahmen, die der Erfüllung der Projektziele und der Beeinflussung von Störgrößen dienen. Sie ist ein projektbezogener Vorgang, bei dem eine oder mehrere Größen als Eingangsgröße andere Größen als Ausgangsgrößen beeinflussen. Die Projektsteuerung wird üblicherweise vom Projektleiter vorgenommen und zwar als:

- **Vorsteuerung**: hier erfolgt eine Vorwärtskopplung; dabei wird versucht etwaige Störungen vor ihrem Eintritt zu eliminieren oder ihnen entgegenzuwirken. Die Schwierigkeit in der Vorsteuerung liegt in der mangelnden Vorausbestimmbarkeit und Voraussehbarkeit des Eintrittes von Störungen.
- **Nachsteuerung**: hier erfolgt eine Rückwärtskopplung. Dabei wird vergangenheitsbezogen gehandelt. Das bedeutet, dass eine Reaktion oder die Einleitung einer Maßnahme nach dem Eintritt der Störung erfolgt.

3.8 Corporate Social Responsibility-Management

Der Begriff Corporate Social Responsibility (CSR) bzw. Unternehmenssozialverantwortung, oder auch unternehmerische Sozialverantwortung, umschreibt den freiwilligen Beitrag der Wirtschaft zu einer nachhaltigen Entwicklung, der über die gesetzlichen Forderungen (Compliance) hinausgeht. Es steht für verantwortliches unternehmerisches Handeln in der eigentlichen Geschäftstätigkeit (Markt), über ökologisch relevante Aspekte (Umwelt) bis hin zu den Beziehungen zu den Mitarbeitern (Arbeitsplatz) und dem Austausch mit den relevanten Anspruchsgruppen (Stakeholder). Die Durchsetzung erfolgt auf den Grundlagen des eigenen Berichtswesens und anhand von Zertifizierungen durch unabhängige Stellen. Auf diese Weise kann eine Transparenz geschaffen werden, die vor allem mit fortschreitender Globalisierung immer stärker gefährdet bzw. häufig fast unmöglich geworden ist.

Die Europäische Union definiert CSR als ein System, „das den Unternehmen als Grundlage dient, auf freiwilliger Basis soziale Belange und Umweltbelange in ihre Unternehmenstätigkeit und in die Wechselbeziehungen mit den Stakeholder zu integrieren." Dies bedeutet nicht nur, die gesetzlichen Bestimmungen einzuhalten, „sondern über die bloße Gesetzeskonformität hinaus mehr zu investieren in Humankapital, in die Umwelt und in die Beziehungen zu anderen Stakeholdern". Diese Sichtweise ist auch die Grundlage die CSR-Strategie touristischer Unternehmen in Deutschland.

Die Kernbotschaft des CSR-Management lautet: Unternehmen sollen gegenüber den eigenen Mitarbeitern verantwortlich handeln, angemessene Löhne zahlen und sich ihnen gegenüber solidarisch verhalten. Auch zukünftige Generationen müssen/sollen berücksichtigt werden, indem umwelt- und klimafreundlich produziert wird. Den Kunden sollen hochwertige Produkte zu angemessenen Preisen angeboten werden und den globalen Zulieferern sollen faire Preise gezahlt werden und keine Kinderarbeit zugelassen werden. Auch sollen Zulieferer aus der Region und deren regionale Produkte bevorzugt werden, die Allgemeinheit soll an den Gewinnen teilhaben (z. B. über Sponsoring von Sport, Kultur und Wissenschaft), den Anteilseignern sollen hohe aber dennoch angemessene Renditen erwirtschaftet werden und sozial Bedürftige und in Not Geratene sollen mit humanitärer Hilfe oder Katastrophenhilfe unterstützt werden.

> CSR erfolgt auf freiwilliger Basis, umfasst soziale und Umweltbelange, ist eingebunden in die Unternehmenstätigkeit und bietet Gestaltungschancen für Stakeholderbeziehungen.

Gründe für eine CSR-Strategie touristischer Unternehmen sind u. a.:
- verantwortliches unternehmerisches Handeln stärkt die soziale und ökologische Dimension der Globalisierung;
- die Übernahme gesellschaftlicher Verantwortung soll auch in Zukunft ein Markenzeichen deutscher Tourismusunternehmen im In- und Ausland sein;
- verlässliche Unternehmenswerte steigern die nationale und internationale Wettbewerbsfähigkeit aller touristischen Unternehmen;
- Unternehmenswerte fördern die Solidarität in unserer Gesellschaft;
- das verantwortungsbewusste Handeln von Unternehmen soll auch für die Verbraucherinnen und Verbraucher sichtbarer werden.

Die Bereiche (Handlungsfelder), in denen touristische Unternehmen gesellschaftliche Verantwortung übernehmen, sind:
Gute Arbeit: Wenn Unternehmen gesellschaftliche Verantwortung übernehmen, dann gilt dies auch für den Umgang mit den eigenen Mitarbeitern/-innen, ihnen zu ermöglichen, Familie und Beruf miteinander zu vereinbaren, Vielfalt zu fördern und jungen wie älteren Menschen eine Chance zu geben, denn das nützt der Gesellschaft und dem eigenen Unternehmen.
Verbraucherinformation: Immer mehr Verbraucher wollen wissen, unter welchen Bedingungen „ihr" Produkt oder „ihre" Dienstleistung hergestellt wurde oder wie ein Unternehmen arbeitet. Verschiedene Gütesiegel und Initiativen geben Orientierung und fördern den Wettbewerb zwischen den Unternehmen.

Umwelt: Nachhaltiges Wirtschaften und Umweltmanagement sind die relevanten Kriterien für die ökologische Verantwortung von Unternehmen.

Globalisierung: Fairer Handel verbessert die Lebens- und Arbeitsbedingungen von Arbeitnehmer/-innen, insbesondere in Entwicklungsländern.

Für all diese Handlungsfelder gilt: Transparenz ist eine entscheidende Grundlage. CSR ersetzt nicht politisches Handeln und Gesetzgebung. CSR bietet aber die Chance, weitergehende gesellschaftliche Ziele zu verfolgen und Standards zu setzen. Die Forderung eines Unternehmens an seine Zulieferer aus Entwicklungsländern, dass ihre Produkte ausschließlich ohne Kinderarbeit hergestellt werden, ist nur ein Beispiel. Die Politik hat die Aufgabe, Unternehmen bei ihren CSR-Aktivitäten zu unterstützen und die Gesellschaft zu ermutigen, mehr Verbindlichkeit von der Wirtschaft zu verlangen.

Die organisatorische Aufhängung von CSR im Unternehmen ist erfolgskritisch zu betrachten; CSR-Felder überschreiten Abteilungsgrenzen. Nachfolgende Abbildung zeigt einen Ansatz, wie CSR in der Unternehmensorganisation verankert sein kann.

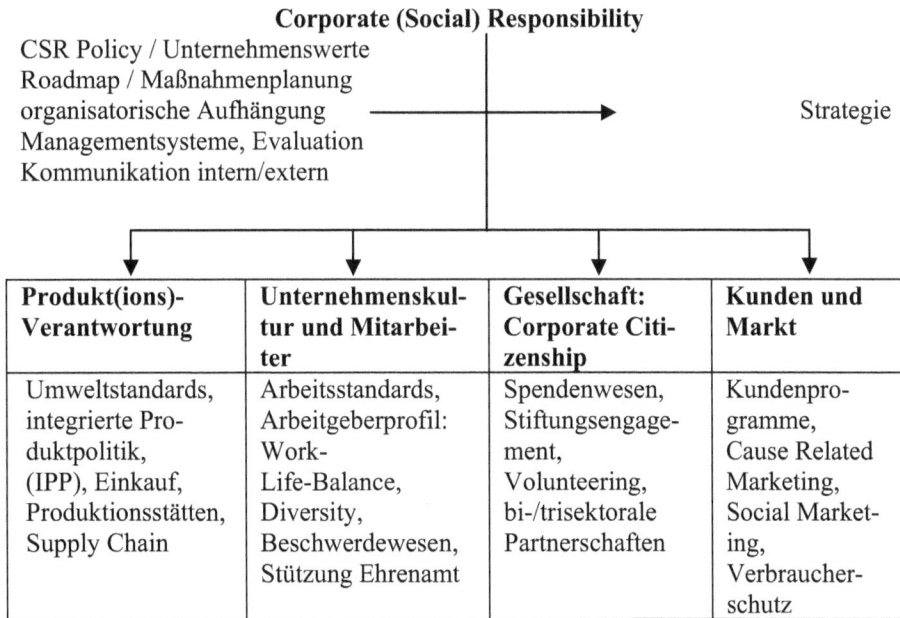

Corporate (Social) Responsibility

CSR Policy / Unternehmenswerte
Roadmap / Maßnahmenplanung
organisatorische Aufhängung   → Strategie
Managementsysteme, Evaluation
Kommunikation intern/extern

Produkt(ions)-Verantwortung	Unternehmenskultur und Mitarbeiter	Gesellschaft: Corporate Citizenship	Kunden und Markt
Umweltstandards, integrierte Produktpolitik, (IPP), Einkauf, Produktionsstätten, Supply Chain	Arbeitsstandards, Arbeitgeberprofil: Work-Life-Balance, Diversity, Beschwerdewesen, Stützung Ehrenamt	Spendenwesen, Stiftungsengagement, Volunteering, bi-/trisektorale Partnerschaften	Kundenprogramme, Cause Related Marketing, Social Marketing, Verbraucherschutz

Abb. 3.17   *Organisatorische Aufhängung der CSR*   *(Quelle: in Anlehnung an GATE 2008)*

„Touristische Akteure" (Reisemittler/Reiseveranstalter, Beförderungsträger, Hotellerie, lokales Umfeld) sollen u. a. den Ansprüchen der Kunden sowie den Erwartungen der Gesellschaft und Politik gerecht werden.

Reisebüros/Reiseveranstalter bieten u. a. günstigen Massentourismus, sanften Tourismus, Nah- und Fernreisen. Sie müssen langfristig über ihre Produktgestaltung, eine Kundensensibilisierung hinsichtlich der Gepflogenheiten (z. B. Religion, Kultur,

Geschlecht), Prostitution in den Zielgebieten, Beachtung der besonderen und spezifischen Gesetzeslagen (z. B. Rauschmittel, Homosexualität) in den bereisten Ländern erreichen.

Beförderungsträger bieten Verkehrsleistungen (Nah-, Mittel- und Langstrecke) an und müssen sich dem gesellschaftlichen Diskurs hinsichtlich der klimatischen Schädigung (z. B. CO_2-Emissionen von Flugreisen) dem Thema Ressourcenschonung und Lärmbelastung stellen. Mögliche Reaktionen wären, einen persönlichen Ausgleich (z. B. Carbon-Footprint) anzubieten, für ein verändertes Reiseverhalten (näher, weniger, anders) einzutreten, den Emissionshandel zu forcieren und eine Umstellung auf alternative Kraftstoffe voran treiben.

Die **Hotellerie bzw. das Gastgewerbe** ist überwiegend mit Themen wie z. B. Sozialstandards, Arbeitsbedingungen, Ressourcenverbrauch, gesunde Ernährung und Umgang mit Gästen beschäftigt. Einerseits kann hier ein erfolgreiches CSR mittels Normen (eigene und internationale), Gleichbehandlung der Beschäftigten, fairer Bezahlung (nach den Grundsätzen der ILO) sowie Verhinderung und Ahndung sexueller Belästigung am Arbeitsplatz ausgeübt werden. Weitere Profilierungsmaßnahmen im Waren- und Ressourcenbereich können, mehrfache Handtücher-Nutzung, ökologische Bauweise von Hotels und Nebenbauten sowie Einrichtung der Zimmer und Einsatz von Bio-Lebensmitteln sein.

Im Bereich **des lokalen Umfeldes** mögen die Schwerpunkte des CSR auf Dienstleister, Infrastrukturträger, Sicherheit, Beeinflussung regionaler Kultur und auf der Stärkung regionaler Wirtschaft sowie auf dem Schutz von Natur und indigener Völker liegen. Auch soll hier eine Sensibilisierung hinsichtlich der Ausbeutung der Einheimischen (z. B. Prostitution), Schutz vor ansteckenden Krankheiten sowie hinsichtlich einer Vermeidung religiöser und interkultureller Konflikte (z. B. durch Kleidung und/oder Verhalten) erfolgen.

Der Handlungsbedarf im Tourismus ist groß, da es bislang kaum CSR-Profile gibt. Nachfolgende Tabelle zeigt vereinzelte Maßnahmen touristischer Unternehmen.

Unternehmen	CSR-Nachhaltigkeitsbericht	Mitarbeiter	Umwelt	Corporate Citizenship	regionale Bezüge
TUI AG*	Bericht	X	X	X	X
DERTour*	–	–	X	X	X
Ameropa*	–	–	–	–	X
alltours*	–	–	–	–	–
Condor**	–	–	–	–	–
L-Tur*	–	–	–	–	–
Neckermann*	–	–	X	-	-
ITS*	Broschüre	X	X	X	X
Lufthansa AG**	Bericht	X	X	X	X
germanwings**					
Deutsche Bahn***	Bericht	X	X	X	X

Riu Hotels & Re-sorts****	–	–	X	X	X
Dorint Hotels & Resorts****	–	–	–	–	–
*Reiseveranstalter, ** Fluggesellschaft, *** Schienenunternehmen, **** Hotelgesellschaft					

Abb. 3.18 *CSR-Profile im Tourismus*   *(Quelle: in Anlehnung an Taubken 2008)*

Handlungsempfehlungen für eine glaubwürdige CSR-Positionierung im Tourismus sind:
1. Bedarfe, Bedrohungsszenarien und Chancen analysieren
2. CSR-Zielsetzung definieren und mit Businesszielen verbinden
3. ein klares Profil für Verantwortung formulieren
4. Zuständigkeiten und Prozesse festlegen – mit Budgets!
5. wenige, ausgewählte Maßnahmen mit Strahlkraft starten

Darüber hinaus und grundsätzlich sollte die Tourismuswirtschaft auf die Achtung der Menschenrechte, die Einhaltung der Kernarbeitsnormen und auf den Schutz der Umwelt hinarbeiten, globale Verantwortung durch Einbeziehung lokaler Gemeinschaften übernehmen, den gesellschaftlichen Dialog mit Akteuren und Anspruchsgruppen suchen, Berichte zu Umwelt- und Sozialstandards regelmäßig veröffentlichen sowie externe und unabhängige Audits ins Leben rufen.

3.9   Lean-Management

Lean-Management (engl. *lean* = schlank, mager) meint ein „schlankes Management", das der Verbesserung der Produktivität und Wirtschaftlichkeit dient. Hierbei wird durch Vereinfachung von Arbeitsabläufen und durch Delegation von Verantwortung in die unteren Führungsebenen eine Verflachung von Hierarchien (Verringerung von Führungsebenen) angestrebt. Durch die „Verschlankung" von Strukturen, eine Beschleunigung von Arbeitsabläufen und Teamarbeit soll eine fortwährende Verbesserung für alle Bereiche und Funktionen des Unternehmens erreicht werden. Diese Führungs- bzw. Managementtechnik wurde erstmals im produzierenden Gewerbe (Automobilindustrie) als Lean-Production eingesetzt und verschmilzt alle Funktionen vom Topmanagement über die Angestellten und Arbeiter bis zu den Zulieferern zu einem geschlossenen System. Dieses System soll/kann schnell und wirtschaftlich auf die Änderungen von Konsumwünschen im Markt reagieren.

Für die Anwendung auf den Tourismus ist der Definitionsansatz von *Groth/Kammel (1994)* maßgeblich, wonach Lean-Management „[e]in pragmatisches, ganzheitliches, integratives Konzept der Unternehmensführung mit strikter Ausrichtung auf Kundenzufriedenheit, Marktnähe und Zeiterfordernissen, auf die Durchgängigkeit der auf Kernfunktionen konzentrierten Wertschöpfungskette, auf die kontinuierliche gleichzeitige Verbesserung von Produktivität, Qualität und Prozesse sowie auf die bestmögliche Nutzung des Humankapitals des Unternehmens" ist.

3.9.1   Eigenschaften, Kernelemente und Probleme des Lean-Managements

Lean-Management beruht auf Ganzheitlichkeit und Integration aller Akteure eines Unternehmens und ist eine Kombination aus klassischem Handwerksbetrieb und Massenproduktion, welches eine ständige kundenorientierte Verbesserung sowie die Elimination von Verschwendung anstrebt. Lean-Management versucht alle Arbeitsprozesse synchron und simultan zu erledigen und soll Überkomplexitäten abbauen. Ferner strebt Lean-Management nach Qualität zu geringen Kosten sowie durch gut ausgebildete und motivierte Mitarbeiter. Der Fokus liegt auf den Kernkompetenzen der Mitarbeiter und des Unternehmens.

Die Mitarbeiter verfügen über ein hohes Maß an zeitlicher und sachlicher Selbstständigkeit. Sie übernehmen die Entwicklung, Materialdisposition, Fertigung, Instandhaltung, Kalkulation und Vertriebsplanung. Ausgangspunkt ist die Annahme, dass der Mitarbeiter den Sinn seiner Arbeit erkennt und für die Aufgaben motiviert wird. Deshalb wird jedem einzelnen Mitarbeiter auch die Mitverantwortung für das Produkt und seine Qualität übertragen.

Die **Kernelemente** des Lean-Managements sind u. a. eine bessere Produktqualität durch neue Produkt- und Dienstleistungsideen sowie mehr Verbesserungsvorschläge im Rahmen des betrieblichen Vorschlagswesens und durch den kontinuierlichen Verbesserungsprozess, flachere Hierarchien und Reduzierung der Fertigungstiefe (Hierarchiestufen werden reduziert, Mitarbeiter bekommen mehr Verantwortung und ggf. mehr Entscheidungskompetenz). Es findet eine aktive Integration der Zulieferer statt, die Produktion wird just-in-time ausgeführt und der Grad an Outsourcing von Diensten und Prozessen ist hoch. Beim Lean-Management werden Wettbewerbsvorteile durch Flexibilität gegenüber Kundenwünschen generiert sowie Kosteneinsparungen durch weniger Nachbesserungen und Reklamationen realisiert. Kürzere Lieferzyklen garantieren geringe Lagerbestände.

Der **Problembereich** des Lean-Managements ist im Wesentlichen, dass es kein „echter" Wert an sich ist, wenn die Unternehmensführung von dieser Managementform nicht überzeugt ist. Mitarbeiter müssen vorbereitet und sensibilisiert werden, da i. d. R. starke interne Widerstände bei Outsourcing von Produktionsprozessen bestehen. Auch sieht diese Managementform im Regelfall keine Belohnungs- und Incentivesysteme für Mitarbeiter vor. Lean-Management ist nicht die Lösung des Hauptproblems, sondern nur ein Hilfsmittel zur Problemlösung bzw. Problemvermeidung.

3.9.2 Prinzipien und Leitgedanken des Lean-Managements

Die Prinzipien des Lean-Managements sind u. a. das **Kaizen-Prinzip** (*jap.* kai zen = Weg/Wandel zum Guten; *kai* = Wandel, *zen* = das Gute). Das Kaizen-Prinzip strebt in allen Unternehmensbereichen permanente Veränderungen an. In den Unternehmen wird dies durch den kontinuierlichen Verbesserungsprozess gewährleistet. Zwei weitere Prinzipien sind das **Total-Quality-Management-Prinzip** (TQM) und das **Just-in-time-Prinzip**. Das TQM geht von einer absoluten Fehlerfreiheit der Produkte und Dienstleistungen aus und setzt auf dauerhafte und verstärkte Mitarbeiterschulung, während das Just-in-time-Prinzip auf produktionssynchrone und kostengünstige Materialbeschaffung setzt, um einen schnelleren Fertigungsfluss zu erreichen. Gerade das TQM und das Just-in-time-Prinzip spielen bei der Bündelung von Pauschalreisen eine mittlerweile wichtige Rolle, ermöglichen sie doch neue Produktionsmethoden wie die des Dynamic Packaging.

Die **Leitgedanken** des „schlanken Denkens und Handelns" lassen sich folgendermaßen zusammenfassen:

Proaktives Denken: bedeutet, dass künftige Handlungen vorausschauend durchdacht und gestaltet werden. Weitere Kerngedanken wie z. B. Agieren statt Reagieren (also die Prozesse vorausschauend unter Kontrolle bringen), alle Handlungen umfassend vorbereiten, Probleme frühzeitig lösen und eine Prozess- statt Ergebnisorientierung sichern den Erfolg unternehmerischen Handelns. Proaktivität setzt auf dauerhafte Weiterentwicklung der eigenen Stärken und nicht auf kurzfristige Erfolge.
Sensitives Denken: ist geprägt von einer Informationsoffenheit nach innen und nach außen; das bedeutet, dass alles Wissen im Unternehmen auch zirkulieren muss, um frühere Fehler zu vermeiden. Weitere Kerngedanken sind, dass auch Gefühle und Stimmungen neben Fakten als Entscheidungsfaktoren akzeptiert werden und Störungen von außen als Anregungen für eine weitere Entwicklung akzeptiert wird.
Ganzheitliches Denken: ganzheitliches Denken vermag gerade in Zeiten der Marktliberalisierung und Globalisierung mehr Probleme und Problemlösungen zu erkennen. Der Wert des eigenen Handelns und Denken richtet sich nach dem Nutzen für das Unternehmen. Die Kommunikation beim ganzheitlichen Denken beruht auf Netzwerken und nicht auf dualen Beziehungen.
Potenzialdenken: bedeutet die Erschließung aller Ressourcen (z. B. Mitarbeiter, Lieferanten, Geschäftspartner, Kunden und Wettbewerber), die als solche umfänglich genutzt (nicht ausgenutzt) werden müssen. Ferner werden bei diesem Denkansatz gleichgerichtete Interessen zwischen allen Interaktionspartnern geschaffen und der gemeinsam erzielte Nutzen muss gerecht verteilt werden.
Ökonomisches Denken: ein wichtiges, vom Lean-Management verfolgtes Prinzip, besteht in der Vermeidung von Verschwendung. Dieses Prinzip schließt ökonomisches Denken mit ein. Ökonomisches Denken bedeutet Sparsamkeit nach innen und nach außen, aber nicht vor und am Kunden. Konflikte jedweder Art bedeuten Kosten, sowie alle nicht-wertschöpfenden Tätigkeiten Verschwendung bedeuten.

3.9.3   Grundstrategien und Arbeitsprinzipien des Lean-Managements

Als Grundstrategien für die wichtigsten internen Aufgaben eines Unternehmens im Rahmen des Lean-Managements können gelten:

- kunden- bzw. gastorientierte schlanke Fertigung der Produkte; durch Vermeidung kostspieliger Lagerhaltung, aber auch durch gezielten Einsatz der Mitarbeiter zu dem Zeitpunkt, an dem die Kundenfrequenz am höchsten ist;
- Unternehmensqualität in allen Bereichen; TQM muss in allen Bereichen und auf allen Ebenen praktiziert werden, denn Qualität muss zur zentralen Größe im Unternehmen werden;
- schnelle, sichere Entwicklung und Einführung neuer Leistungen, denn Entwicklungszeit wird heutzutage als Wettbewerbsfaktor betrachtet, parallele statt sequenzielle Aufgabenerledigung;
- Kunden gewinnen und erhalten;
- Wachstumsfähig bleiben durch gezielten Kapitaleinsatz, durch Vertrauen zwischen Kapitalgeber und Kapitalnehmer, durch attraktive Unternehmensentwicklung und durch massiven Einsatz bei strategischen Projekten;
- das Unternehmen in die Gesellschaft einbinden, es als eine Familie betrachten, die man in die Gesellschaft einbindet, in die gesellschaftliche und wirtschaftliche Umwelt aktiv einbezieht, denn Konflikte sind teuer und aufwendig;
- Konfliktvermeidung durch Kooperationen.

Die wichtigsten **Arbeitsprinzipien** des Lean-Managements stellen gewissermaßen die „Sprache" der Arbeitsorganisation dar. Diese Arbeitsprinzipien zeigen dem delegationsunabhängigen Mitarbeiter Lösungswege für neue Situationen auf. Sie geben Anweisungen für die Umsetzung. Diese Prinzipien sind u. a. die **Zusammenarbeit in der Gruppe** und im Team, denn der Konsensgedanke sollte bei der Lösung der Aufgabe dominieren und keinen Wettbewerb in der Gruppe oder im Team auslösen. Darüber hinaus ist die **Eigenverantwortung** jedes Einzelnen zu fördern, jede Tätigkeit sollte in Eigenverantwortung durchgeführt werden. Ein weiteres Prinzip ist die **Rückkopplung** der Reaktionen von der Außenwelt, der Kunden, der eigenen Organisation, denn sie dienen zur Steuerung des eigenen Handelns. Weitere wichtige Prinzipien sind die **Kundenorientierung** (die Wünsche der Kunden und Gäste haben Priorität), **Wertschöpfung** (wertschöpfende Tätigkeiten haben im Unternehmen oberste Priorität), **Standardisierung und Formalisierung** (sollen durch einfache Dokumentation erfolgen), ständige Verbesserung des Leistungsprozesses, sofortige Fehlerbeseitigung (soll sofort an der Wurzel des Problems geschehen), **Vorausdenken** und Vorausplanen, Integration und Systematik aller betrieblichen Prozesse, Interdisziplinarität sowie Permanenz, Konsequenz und Perfektion.

Als **Hilfsinstrumente** des Lean-Managements gelten das Controlling und das Benchmarking. Controlling ist ein Konzept der Unternehmenssteuerung, das die Funktionen Information, Analyse, Kontrolle, Planung und Steuerung einschließt. Mit der Zielsetzung der Unternehmenssteuerung ist Controlling zukunftsorientiert, da es die Erreichung vordefinierter Ergebnisse überwacht und bei Abweichungen eingreift.

Benchmarking bedeutet „Lernen vom Besten" und wird von *Hillen (2000)* „als eine strukturierte Methode zur Aufdeckung eigener Leistungslücken durch Vergleiche mit Bestleistungen (Benchmark) mit dem Ziel, durch die gewonnenen Erkenntnisse die Leistungslücken zu schließen und durch ständige Verbesserung auf Dauer eine Spitzenposition zu bekleiden" definiert.

3.9.4 Umsetzung des Lean-Managements im Tourismus

In der Tourismuswirtschaft wurde Lean-Management bis vor einigen Jahren kaum problematisiert. Der Grund dafür lag in der Tatsache, dass die Tourismusbranche (bis auf wenige Ausnahmen) sehr stark klein- und mittelständisch geprägt war und dies zum Teil auch heute noch ist. Vor einigen Jahren begann eine langsame „Industrialisierung" der Tourismusbranche. Industrialisierung bedeutete, dass Unternehmen sehr starken vertikalen Integrationsprozessen ausgesetzt waren. Diese Prozesse sind bis heute noch nicht ganz abgeschlossen. Reiseveranstalter hatten den Wunsch, an allen touristischen Wertschöpfungsstufen zu partizipieren. Sie kauften oder gründeten eigene Fluggesellschaften, Hotels, Zielgebietsagenturen, Mietwagen-Makler und bauten den Eigen- und Direktvertrieb aus. Die Folge dieser vertikalen Integrationsprozesse war und ist die Konzernbildung. Vormals in ihrer Größe überschaubare Unternehmen wuchsen nun zu Konzernen heran.

In diesem Stadium begann auch in der Tourismusbranche Lean-Management eine Rolle zu spielen. Durch die dazu gekauften oder neu gegründeten Unternehmen entstanden zwangsläufig unterschiedliche „Fertigungstiefen" und Produktionsplattformen. Auf Dauer bedeutet dies, dass diese Unternehmen kaum noch steuerbar sind, da durch die Kommunikation zu viele Reibungsverluste auftreten. Im Einzelnen bedeutete dies eine Reduktion der Fertigungstiefen, Zusammenlegung von Produktionsplattformen und Straffung des Vertriebs bzw. der Vertriebsorganisationen. Die ging sodann einher mit der Verflachung der Unternehmenshierarchien und einer schlankeren Struktur des Unternehmens. Dies führte weiterhin zu Teamarbeit bei Einzelleistungen, die vom Kunden als Einheit gesehen werden, Kundenorientierung ist stärker in den Vordergrund gerückt – es wurden vermehrt Kundenbefragungen durchgeführt und in Folge externe/endogene Faktoren mehr berücksichtigt und das Beschwerdemanagement professionalisiert. Darüber hinaus wurde ein effizienteres Informationsmanagement installiert und die Kommunikationskultur stärker gepflegt, die Integration der Zulieferer (z. B. Beherbergungsbetrieb, Fluggesellschaften, Destinationen) wurde vorangetrieben, denn die Qualität der Einzelleistungsträger entspricht (so wird sie vom Kunden wahrgenommen) der Qualität des Gesamtleistungsträgers (z. B. eines Reiseveranstalters). Outsourcing wurde u. a. in den Bereichen Werbung, PR, Kataloggestaltung, Werbemittelproduktion und Buchhaltung betrieben, da der Fokus nunmehr auf die Kernkompetenz gerichtet wurde.

Konkrete Auswirkungen des gelebten und praktizierten Lean-Managements auf touristische Unternehmen, seine Führung, auf die Erstellung von Produkten und Dienstleistungen sowie auf deren Abläufe sind eine bessere Produktqualität. Diese entsteht durch mehrere Produktideen und Verbesserungsvorschläge, mehr Gruppenarbeit (Teams mit hohem Fachwissen und Teamgeist), kaum vorhandene Lagerbestände (Anpassung an die Fertigungssituation) und kaum vorhandene Über- oder Unterbesetzung durch Mitarbeiter, kürzere Lieferzyklen durch intensive Zusammenarbeit mit den Lieferanten, niedrige Fertigungskosten durch weniger Maschinenausfälle, kürzere Rüstzeiten, Wettbewerbsvorteile durch Flexibilität gegenüber Kundenwünschen und flachere Hierarchien, durch Reduktion der Fertigungstiefen, Outsourcing und Trennung von unproduktiven Mitarbeitern.

3.10 Change-Management

Hinter dem Begriff Change-Management (Veränderungsmanagement) verbergen sich unterschiedliche Problemstellungen, die nur einen gemeinsamen Nenner haben: Veränderungen, von denen eine größere Zahl von Mitarbeitern betroffen ist bzw. sein wird. So unterschiedlich wie die Problemstellungen sind auch die jeweiligen Veränderungsstrategien und Konfliktpotenziale. Veränderungen können/müssen vor dem Hintergrund einer gewandelten Unternehmens- und Lebensumwelt betrachtet werden. Sie folgen gleichsam den von *Kondratieff* postulierten „Theorien der langen Wellen", anhand derer sich wirtschaftliche Veränderungszyklen anschaulich erläutern lassen. Die Gründe für Veränderungen in Unternehmen sind vielfältig, u. a. die Internationalisierung und Globalisierung von Unternehmen und Branchen, der Einzug neuer Technologien in alle Unternehmensbereiche, die zunehmende Vernetzung der Branchen und Unternehmen, gewandelte und höhere Kundenansprüche, Konzentrationsprozesse und Unternehmensfusionen, eine veränderte nationale und internationale Gesetzgebung, neuartige Lebensumstände und eine stärkere Demokratisierung der Gesellschaft. Die Notwendigkeit des Veränderns ergibt sich für ein Unternehmen aus den unternehmensinternen Schwächen und unternehmensexternen Risiken, denen es in einer sich stark und stets veränderten Unternehmensumwelt ausgesetzt ist.

Change-Management soll den Wandel im Unternehmen und Organisationen unterstützen, die Umsetzungswahrscheinlichkeit erhöhen, das Risiko des Scheiterns reduzieren, eine neutrale Auseinandersetzung mit Veränderungen ermöglichen, Stimmungen bzw. Stimmungslagen der Mitarbeiter kanalisieren und Übertreibungen verhindern und helfen, Veränderungen nachhaltig zu gestalten.

Die Zielrichtungen des Change-Managements können nach innen oder nach außen gerichtet sein.

externe Zielrichtungen des Change-Managements	interne Zielrichtungen des Change-Managements
• stärkere Vertriebs- und Marktorientierung betreiben; • Fusionen und Zusammenschlüsse anstreben; • neue Produkte oder Dienstleistungen anbieten; • neue Standorte aufbauen, neue Quell- und Zielmärkte erschließen; • Customer-Relationship-Programme einführen.	• Kulturwandel beschleunigen und positiv beeinflussen; • Kostensenkungsmaßnahmen populär machen; • Reorganisationsmaßnahmen verständlich machen; • Kundenorientierung optimieren; • Einführung neue Systeme; • Integration neuer Bereiche.

Abb. 3.19   *Externe und interne Zielrichtungen des Change-Managements*

3.10.1   Die Umsetzung von Change-Management

Change-Management bedeutet Veränderungsprozesse auf Unternehmens- und persönlicher Ebene zu planen, zu initiieren, zu realisieren und zu stabilisieren. Darüber hinaus bedeutet es eine planmäßige, mittel- bis langfristige Veränderung von Verhaltensmustern und Fähigkeiten, um zielgerichtete Prozesse und Strukturen zu optimieren, sowie eine ganzheitliche Betrachtung des Wirkens und des Organisierens. Die Ausrichtung und Durchführung von Maßnahmen zur Persönlichkeitsentwicklung der Mitarbeiter müssen begleitend durchgeführt werden und das Unternehmen muss sich als „lernende Organisation" verstehen.

Für den permanenten Wandel genügt es nicht, eine Vision zu haben oder zu entwickeln, sondern es gilt vielmehr, die Phasen von Veränderungsprozessen zu steuern und zu durchlaufen. *Kotter (1998)* empfiehlt einen „Sieben-Stufen-Veränderungsfahrplan", der teilweise oder zu Gänze in touristischen Unternehmen seit einigen Jahren umgesetzt wird. Veränderungen können nicht von einer einzelnen Person, sondern müssen von einem Team hochmotivierter Mitarbeiter, einer lebendigen Unternehmensorganisation und einem konstruktiven Miteinander herbeigeführt werden. Der „Sieben-Stufen-Veränderungsfahrplan" nach *Kotter* sieht vor:

→ **1. Stufe: Bewusstsein für dringenden Änderungsbedarf schaffen**
Markt- und Wettbewerbssituation untersuchen und bewerten; Chancen und Risiken erkennen, potenzielle Krisen antizipieren, Konsequenzen frühzeitig ableiten;

→ **2. Stufe: visionär führen und messbare Strategien entwickeln**
Team zusammenstellen, das genügend Überzeugung, Kompetenz und Macht besitzt, den Wandel zu gestalten; Vision schaffen, die für die Veränderungsbestrebungen richtungweisend sind; Strategien entwickeln, die zur Realisierung der Vision beiträgt; Kennzahlen, Richtwerte, Programme und Zielerreichungen ableiten;

➜ **3. Stufe: Visionen und Strategien kommunizieren**
alle Möglichkeiten nutzen, um die Visionen und Strategien zu kommunizieren;
Vorbildwirkung der Führung eines Unternehmens, denn die Führung lebt das vor,
was von Mitarbeiter erwartet wird;

➜ **4. Stufe: kurzfristige, sichtbare Erfolge planen**
große Projekte in kleine Untereinheiten aufteilen, um an sichtbaren Verbesserun-
gen die Erfolge aufzuzeigen; Erfolge kommunizieren und Mitarbeiter belohnen;

➜ **5. Stufe: prozessorientierte Steuerung der Veränderungen durch Mitarbeiter**
Strukturen auf die veränderten Rahmenbedingungen ausrichten; Mitarbeiter an
Neugestaltungen beteiligen; Hindernisse beseitigen; die Mitarbeiter zu Risikobe-
reitschaft sowie Eigeninitiative und konkreten Handlungen ermutigen;

➜ **6. Stufe: Erfolge konsolidieren und Veränderungen institutionalisieren**
Mitarbeiter entwickeln, befördern, ggf. neue Mitarbeiter einstellen, die den Wandel realisieren und helfen, die Visionen umzusetzen; die Veränderungsprozesse
mit Themen besetzen und in Gang halten und beleben;

➜ **7. Stufe: neue Verhaltensweisen kultivieren**
neues Verhalten muss in neuen Normen und Werten verwurzelt sein; Beziehungen
zwischen veränderten Normen und Verhalten herausstellen und pflegen; Maßnahmen entwickeln, die die Führungs- und Unternehmensentwicklung sicherstellen.

3.10.2 Risiken und Schwächen des Change-Managements

Die Fehlschlagrisiken bei der Umsetzung von Change-Management sind beträchtlich.
Die wichtigsten Risiken bestehen in Konfliktpotenzialen, die durch Veränderungen
ausgelöst werden, durch Widerstand der Mitarbeiter und Lieferanten, mangelnde
Robustheit der Veränderungen und Implementierungsfallen wie z. B Aktionismus-,
Panik-, Ultima-Ratio-, Frühstart- und Dopingfalle. Zu den bedeutendsten Fehlschlag-
gründen werden Barrieren (mental-kulturelle Barrieren) im Veränderungsprozess
ausgemacht. Diese sind u. a. fehlendes bzw. mangelndes Problembewusstsein, fehlende Netzwerke zwischen den Veränderern, keine klaren Visionen seitens der Unternehmensführung, fehlende Vorbildwirkung der Führungskräfte und das Beharren auf
Altbewährtem, mentale bzw. systemimmanente Blockaden wie Angst vor Macht- und
Prestigeverlust, Konflikte mit den bestehenden Organisationsstrukturen. Ebenfalls
problematisch ist die kurzfristige Erfolgsorientierung ohne langfristige Zielorientie-
rung, inkonsequentes Konzeptverständnis (man versteht nur, was man verstehen will
oder gerade für die persönliche/berufliche Entwicklung wertvoll ist), passive oder
aktive Widerstände gegen die Veränderungsmaßnahmen sowie eine nur unzureichende Integration und Verankerung der Veränderungsmentalität in die Unternehmenskultur.

Daher ist unter Change-Management ein Prozess der kontinuierlichen Planung und Durchführung tief greifender Veränderungen zu verstehen, bei denen sowohl die Führungskraft als auch der Mitarbeiter im Zentrum des Geschehens, also aller Aktivitäten stehen muss. Die Vorgehensweise für Change-Management ist von den Veränderungsfaktoren und dem Regelkreis der Führung abhängig; somit vom Menschen (Mitarbeiter und Führungskraft) mit seinen Fähigkeiten und Rollen, von den Strukturen des Unternehmens (Aufbau- und die Ablauforganisation), der Strategie, die im Wesentlichen von Kooperationen, Partnerschaften abhängig ist und sehr stark von Auftraggebern und dem Markt (Kunde, Konkurrenten) beeinflusst wird, und von der Ausstattung (Technologie und Ressourcen).

Für die erfolgreiche Gestaltung und Umsetzung von Veränderungsprozessen ist es notwendig, eine sehr umfassende und komplexe Sicht auf das Unternehmen und seine Umgebung zu werfen. Das Management hat die Aufgabe, die o. g. Veränderungsfaktoren ganzheitlich zu betrachten und sie zu verknüpfen. Die besondere Herausforderung besteht darin, alle Gegebenheiten und Faktoren zu berücksichtigen und die verschiedenen Methoden zur Qualitäts- und Produktsteigerung zu verknüpfen. Veränderungsprozesse müssen „gemanagt" oder „gehandelt" werden. Das bedeutet, dass für Planung und Durchführung nachhaltiger Veränderungen eine herausragende Führung benötigt wird, also Unternehmenspersönlichkeiten, die schnell auf neue Herausforderungen reagieren, indem sie die Unternehmensstruktur verändern, frühzeitig neue Geschäftsfelder erschließen und okkupieren, Mitarbeiter für ihre Ideen begeistern und Bedürfnisse bei Kunden wecken. Ferner werden ein stufenweiser Veränderungsfahrplan (z. B. Sieben-Stufen-Veränderungsfahrplan) sowie flexibel einsetzbare Methoden wie z. B. Selbstbewertung nach dem EFQM-Modell, Balanced Scorecard, integrative Kommunikation, Projektmanagement, Prozessmanagement, Hochleistungsteams und effektive Selbstführung benötigt.

3.10.3 Angewandtes Change-Management im Tourismus

Der dringende Wunsch bzw. die dringende Notwendigkeit von Veränderung offenbarte sich durch den veränderten und verschärften Wettbewerb. Touristische Unternehmen, wie z. B. Reiseveranstalter, haben durch ihre Risikoanalysen in einem ersten Schritte erkannt, dass offene und verdeckte sowie kurz-, mittel- und langfristige Risiken in ihren Organisationen schlummern; nicht zuletzt auch bedingt durch die starken vertikalen Integrationsprozesse der letzten Jahre. Durch diese Beteiligungen wurde das Bewusstsein für die Integration der gekauften Unternehmen und deren Konsolidierung geschaffen. Durch verschiedene und nebeneinander parallel existierende Unternehmenskulturen wurde eine Weiterentwicklung in empfindlichem/hohem Maße gestört.
Im zweiten Schritt wurden aus diesen „Gemischtwarenläden" Teams aus Mitarbeitern zusammengestellt, welche in hohem Maße flexibel und an Veränderungen im Sinne einer einzigen Unternehmenskultur interessiert waren.

Im dritten und im vierten Schritt, die in der Praxis sehr nahe beieinanderliegen, wurden neue Visionen und Strategien kommuniziert und durch veränderte Organisationsstrukturen auch kurzfristige Erfolge erzielt, um den langfristigen Erfolg dadurch zu dokumentieren und die Machbarkeit in Aussicht zu stellen. Diese Erfolge wurden sodann über ein professionelles Medien-Management in der Branche kommuniziert. Dies schaffte zum Beispiel in der Reisemittlerbranche das Bewusstsein und die Erkenntnis, wiederum Veränderungsprozesse anzugehen oder zu beschleunigen, um sich überhaupt noch im Markt behaupten zu können.

Die fünfte Stufe führte sodann zu einer völligen Neuausrichtung der geschäftlichen Aktivitäten sowohl in der Produkt- als auch in der Sortimentspolitik (neue Marken, neue Produktlinien). Ebenso wurden neue Produkt- und Produktionsplattformen geschaffen. Stellenbeschreibungen wurden in dieser Phase neu definiert, Arbeitsprozesse verändert, aber auch die Belastbarkeit und Strapazierfähigkeit der Mitarbeiter wurde erhöht. Bösartig betrachtet, könnte man von einem bewusst herbeigeführten Arbeits- und Unternehmensklima sprechen, in welchem diejenigen resignierten und letztendlich aus dem Unternehmen ausschieden, die sich mit der Veränderungsform und Veränderungsgeschwindigkeit nicht abfinden wollten. In der sechsten Stufe wurden angefangene Prozesse verfeinert, modifiziert und konsolidiert. Es fand gewissermaßen eine Feinjustierung statt und es wurde das neue Unternehmenscredo geschaffen. In dieser Phase fand auch die Festigung der neu geschaffenen oder veränderten Strukturen statt. Ebenso wurden Themen besetzt, um herauszufinden, wie groß die Akzeptanz in der Branche und in der Öffentlichkeit ist. Als Beispiel sei hier die die „Aldisierung" der Touristik oder die Etablierung der Low-Cost-Airlines genannt. Hiermit wagte sich der eine oder andere integrierte Tourismuskonzern sehr weit aus seiner Deckung heraus, um u. a. festzustellen, ob und wie die gesamte Branche und/oder die Öffentlichkeit reagiert.

In der siebten Stufe haben sich neue Unternehmenskulturen gefestigt, neue Gesichter, neue Ideen, neue Umgangsarten und -formen prägen die neue Unternehmenskultur. Gesetzmäßigkeiten, Verhaltensnormen, Geschäftsregeln sind eingeführt und läuten genau genommen bereits die nächsten Veränderungsprozesse ein. In der Handlungsweise und an der Umsetzung dieser sieben Stufen ist durchaus auch berechtigte Kritik angebracht, denn oftmals wurde das langfristige Veränderungsziel durch Bestrebungen nach kurzfristigen Erfolgen gefährdet.

An den zwei folgenden Beispielen (Reisebüro und Fluggesellschaft) sollen die aus der Notwendigkeit abgeleiteten Umsetzungen dargestellt werden. Im Reisebüro erfolgt der Change-Managementprozess aufgrund der Notwendigkeit zur Auseinandersetzung mit den Neuen Medien, denn Onlinebuchungen der Kunden bieten für die Reisebürokunden Einsparpotenziale. Die zunehmende Bedeutung des Internets als Kommunikationsmedium im Tourismus, sei es zur Information, Kommunikation, Buchung und Verkaufsunterstützung, nimmt stetig zu. Die effiziente Nutzung der Neuen Medien bietet mehr Potenziale als auf den ersten Blick ersichtlich ist, z. B. zur Prozessoptimierung, Organisations- und Erlösoptimierung sowie zur Kundenbindung. Am Beispiel der Personalentwicklung der Lufthansa AG kann gelebtes Change-Management ebenfalls dokumentiert werden. Hierbei stand die Internationalisierung der Personalentwicklung im Mittelpunkt.

Internationalisierung der Personalentwicklung (Lufthansa AG)	
früher	**heute**
• Deutschland-zentriertes Konzept; • Rekrutierung in Deutschland; • Entsendung der Mitarbeiter ins Ausland (hauptsächlich aus Deutschland); • Anforderungsprofile ohne internationalen Bezug; • aufstiegsorientiertes Laufbahnsystem; Auslandslaufbahnen; • Deutschland-zentriertes Trainingssystem; • eindimensionale Potenzialerhebung.	• international ausgerichtetes Konzept; • internationale Rekrutierung; • dreidimensionale Entsendung; • Auslandsvoraussetzung als wichtige Voraussetzung; • rotationsorientiertes Laufbahnsystem; • Auslandseinsatz als Entwicklungsbaustein; • Kooperation mit ausländischen Partnern; • Potenzial-Gesprächsrunden.

Abb. 3.20   *Internationalisierung der Personalentwicklung*

(Quelle: in Anlehnung an Lufthansa AG 2005)

3.11   Personalmanagement

„Find the right man for the right job" oder *„Fragen Sie nicht, wie ein Mitarbeiter motiviert werden kann, sondern wie er seine Motivation findet."* Die Organisation eines Unternehmens bewirkt durch ihre bekundeten und geteilten Werte Mitarbeiterzufriedenheit. Diese erzeugt Kundenzufriedenheit und trägt somit zur Realisierung der ökonomischen Ziele des Unternehmens bei (*Weiermair/Köhler, 2004*).

3.11.1   Personalsituation im Tourismus

Das Personalmanagement eines touristischen Unternehmens muss vor dem Hintergrund des Wandels betrachtet werden. In den 1960er und 1970er Jahren basierten die touristischen Leistungen auf natürlichen Voraussetzungen, Destinationen hatten noch Standortvorteile und der Beruf des „Touristikers" war noch traditionell geprägt. Die Personalpolitik war genau festgelegt und in eng umschriebene Aufgabenbereiche gegliedert. Es gab wenig Weiterbildungs- und Karrieremöglichkeiten und Personal wurde als eine Kostenbelastung angesehen. In den 1980er und 1990er Jahren wandelte sich diese Situation. Durch die zunehmende Reiseintensität, den Abbau von Risikoperzeptionen aufgrund einer höheren Bereistheit und des Verlangens nach mehr Abwechslung wurden Tourismuserlebnisse als „ganzheitlicher" Konsum wahrgenommen (*Weiermair/Köhler, 2004*). Dadurch änderten sich die Anforderungen an Mitarbeiter im Tourismus. Dieser Zustand ist bis heute unverändert. Die Tourismusbranche gilt als jugendliche Branche und zeichnet sich durch Merkmale wie niedriges Durchschnittsalter, hohe Fluktuationsrate durch Saisonalität, hoher Anteil an Quereinsteigern und überdurchschnittlich hoher Anteil an Frauenerwerbstätigkeit aus. In Deutschland werden im Tourismus ca. 3 Mio. Menschen beschäftigt. Touristische

Berufe leben wie ein Künstler vom Applaus. Die Qualität der touristischen Dienstleistung ist geprägt durch das Kontaktpersonal des Produzenten, Beförderungsträgers, Beherbergungsgeber. Primäre Produktionsfaktoren sind die Qualifikation und Motivation der Mitarbeiter (*Weiermair/Köhler, 2004*).

3.11.2 Problembereiche im Personalmanagement im Tourismus

Mitarbeiter sind das größte und wichtigste Kapital eines Unternehmens. Die Personalsituation im Tourismus ist auch nicht besser oder schlechter als in anderen Branchen. Jedoch weist die Tourismusbranche einige typische Merkmale auf, die immer wieder Gegenstand kontroverser Diskussionen sind, und dann auch zu den personaltypischen Besonderheiten führen.

■ Klein- und mittelständische Prägung

Die immer noch klein- und mittelständisch geprägte Branche mit einem hohen Anteil weiblicher Mitarbeiter zeichnet sich durch eine relativ hohe Personalfluktuation der Mitarbeiterinnen durch Familiengründung und Wiedereinstieg in den Beruf aus. Weiterhin ergeben sich durch die klein- und mittelständischen Strukturen wenig Aufstiegs- und Karrierechancen für die Mitarbeiter, was ebenfalls zu einer hohen Abwanderungsquote hin zu größeren Unternehmen und Konzernen oder gar in andere Branchen führt.

■ Zeitlicher Einsatz

Unattraktive Öffnungs- und Arbeitszeiten sind in dieser Branche üblich, die im Bereich Dienstleistung angesiedelt ist. Dienstleistungsbranchen sollten eigentlich dann geöffnet haben, wenn ein Großteil der Arbeitnehmer Zeit hat, die Dienstleistung nachzufragen. Auch Schichtzeiten, z. B. in der Hotellerie, Gastronomie, Verkehrswesen, werden von den Beschäftigten nur für eine gewisse Dauer akzeptiert.

■ Mangelnde Aufklärung über die touristischen Berufe

Mangelnde Aufklärung und Darstellung des/der Berufsbildes/Berufsbilder im Tourismus sowie die Auswahlkriterien führen auch hier zu weitreichenden Problemen. Weithin verbreitet ist die Meinung, dass nur angehende Auszubildende mit dem Zeugnis der Allgemeinen Hochschulreife oder der Fachhochschulreife in der Lage sind, diese Berufe zu ergreifen. Ein Trugschluss, denn viele Abiturienten/-innen, nach enttäuschenden Erfahrungen in ihrer Ausbildung, nach Enttäuschungen über Bezahlung, Arbeitszeiten und Aufstiegschancen, beginnen nach der Ausbildung ein Studium. Das bedeutet, dass der Betrieb Geld in Mitarbeiter investiert hat, die dem Unternehmen sodann nicht mehr zur Verfügung stehen. Stark verbreitet ist auch das Vorurteil, im Tourismus tätig zu sein, bestünde im Wesentlichen darin, auf (Geschäfts-)Reise zu sein und es mit Menschen zu tun zu haben. Der Anteil der Reisen ist überschaubar und den Menschen etwas verkaufen, nämlich die „schönsten Wochen des Jahres", wollen dann schon bedeutend weniger, die sich für einen Beruf im Tourismus entschieden haben.

■ Entlohnung im Tourismus

Immer wieder keimt die Diskussion über die verbesserungsbedürftige Entlohnung im Tourismus auf. Die Schwierigkeit in der Entlohnung liegt zum einen darin, dass für eine stetig bessere Entlohnung in den derzeitigen Gehaltseinstufungsmodellen die Betriebsseniorität ausschlaggebend ist. Durch die vorhin schon erwähnte hohe Personalfluktuation erreichen sehr wenig Mitarbeiter diese hohen Entlohnungsstufen in einem Unternehmen. Zum anderen wurde hier lange Zeit versäumt, Zielvereinbarungen mit den Mitarbeitern zu treffen und sie in angemessener Weise auch am Erfolg zu beteiligen.

■ Personalkosten

Personalkosten sind i. d. R. in touristischen Unternehmen sehr hoch (in manchen Geschäftsfeldern bis zu 70% der Gesamtkosten). Der Irrtum vieler Betriebe, Auszubildende und Praktikanten senken die Personalkosten, führt gleichzeitig zu einer Negativauswahl an Personal statt. Langfristig kann dies dazu führen, dass kein gut qualifizierter Mitarbeiter mehr für diese Unternehmen tätig sein will und qualifiziertes Personal dann noch teurer ist.

■ Schulung und Qualifikation der Mitarbeiter

Kaum eine Branche schult die Mitarbeiter so wenig wie die Tourismusbranche. Statistisch gesehen, ist jeder Mitarbeiter nur ca. vier Tage im Jahr auf Fort- und Weiterbildung (andere Branchen bringen es pro Mitarbeiter auf ca. 12 Tage im Jahr). Auch die Bereitschaft, die Kosten für die Qualifikation der Mitarbeiter zu übernehmen, hält sich in überschaubaren Grenzen.

3.11.3 Grundlagen erfolgreichen Personalmanagements

Die Schwierigkeit besteht häufig darin, die richtigen Mitarbeiter zu finden und die guten Mitarbeiter zu halten. Mit einigen geeigneten Maßnahmen können Voraussetzungen für eine optimale Motivation der Mitarbeiter geschaffen werden. Motivation ist kein Charakterzug, sondern ein beeinflussbarer Prozess. Bedürfnisse und Motive bilden die Basis für erfolgreiches Motivieren. Geeignete Maßnahmen sowie auch Voraussetzungen, die die Motivation fördern, sind zum einen das Arbeitsumfeld und der Arbeitsplatz sowie das Betriebsklima, der Führungsstil und das Führungsverhalten der Vorgesetzten. Darüber hinaus spielen soziale Maßnahmen, die Entlohnung und Arbeitsentgelte und die Aufgaben und Inhalte und Leistungsanreize, wie z. B. Trainings, Aufstiegschancen und betriebliches Vorschlagswesen, eine wichtige Rolle.

Zu den wesentlichen Inhalten und Grundlagen der Personalentwicklung für Mitarbeiter im Tourismus zählen u. a. die Motivation, Zielvereinbarungsgespräche, das Leitbild und die Rolle von Personalbereichen, Förderung der emotionalen Intelligenz, Mitarbeitergespräche, Tätigkeitsbeschreibungen sowie Potenzialanalyseverfahren.

▩ Motivation

Motivation ist die Bereitschaft, eine besondere Anstrengung zur Erfüllung bestimmter
Ziele auszuüben. Durch die Anstrengung wird auch die Befriedigung individueller
Bedürfnisse ermöglicht. Der Grad der Anstrengung drückt die Intensität aus, wie hart
jemand an der Erfüllung eines bestimmten Zieles arbeitet. Die Identifikation der Be-
dürfnisse und Motive bilden die Basis für erfolgreiches Motivieren. Leistung zu erbringen, bedeutet sich im **Regelkreis** von Bereitschaft, Möglichkeit und Fähigkeit zu
bewegen. Bereitschaft wird mitgebracht und bedeutet **„Wollen"**, dazu gehören der
Wille, die Kraft, das Temperament, die Dynamik, Entschiedenheit, Motivation und
„Motiviertheit". Fähigkeit bedeutet **„Können"**, und das bedeutet über Fertigkeiten,
Wissen, Kenntnisse, Erfahrungen, Eignung und Kompetenz zu verfügen. Möglichkeiten zu haben, bedeutet **„Dürfen"** und dazu gehören die Spielregeln, die Rahmenbedingungen und die Strukturen im Unternehmen und am Arbeitsplatz. Mitarbeiter
„Wollen", „Können" und müssen „Dürfen". Mitarbeiter motivieren sich i. d. R. selbst,
wenn sichergestellt wird, dass sie nicht unterfordert (z. B. durch Langeweile) oder
überfordert (z. B. durch Angst, ein gesetztes Ziel nicht zu erreichen) werden.

Motivation basiert auf zwei Kernfragen: Was motiviert? und: Was spielt sich in der
Person ab, die ein bestimmtes Zielerreichen möchte? Was Mitarbeiter motiviert, sind
die Befriedigung individueller Bedürfnisse, ihre berufliche Motive, ihre Ziele, der
erwartete Nutzen und die Inhalte.

▩ Zielvereinbarungen

Zielvereinbarungen lassen sich ableiten aus den Unternehmens- und Bereichszielen,
der jeweiligen Mitarbeiterqualifikation und den Zielen der Mitarbeiter. Grundsätzliche Anforderungen an Ziele sind: sie müssen messbar, spezifisch, realistisch, erreich-
bar und zeitlich untergliedert sein. Ziele müssen von den Mitarbeitern auch verstanden werden, müssen positiv formuliert, moralisch, legal und relevant sein. Ferner
sollen sie eine Herausforderung für den Mitarbeiter darstellen und von allen akzeptiert
werden. Zielvereinbarungen setzen Zielvereinbarungsgespräche voraus. Die Reihenfolge der Schritte für ein erfolgreiches Zielvereinbarungsgespräch kann wie folgt
aufgebaut sein:

Vorberei-tung	Voreingenommenheit überprüfen; mit wem, wo und wann wird das Gespräch geführt; innerjährige Beobachtungen zusammenstellen, Dritte befragen, Stärken und Schwächen des Mitarbeiters in Erfahrung bringen; Unterlagen bzw. Aufzeichnungen des letztes Gesprächs zu Rate ziehen; Zieldefinition festlegen; Was soll das Ergebnis des Gesprächs sein?; für eine angenehme, stressfreie Atmosphäre sorgen; Reaktionen in kritischen Situationen definieren.
Durch-führung	Begrüßung und Aufwärmen; Sinn und Zweck des Gesprächs erklären; Beurteilungsphase (Rückblick auf gesetzte Ziele, Selbsteinschätzung des Zielerreichungsgrades, Beurteilung durch Vorgesetzte, Gespräch, abschließende Erläuterungen, Erläuterung der Zieltantieme); Zielvereinbarungsphase (Unternehmensziele erörtern, Standardaufgaben überprüfen, Entwicklung von Zielen abgeleitet aus der Beurteilungsphase, persönliche Entwicklungsmöglichkeiten aufzeigen, Protokoll erstellen und nach einer Reflexionsphase in einem zweiten Gespräch die Zielvereinbarung beschließen).
Nachbe-reitung	Follow-up Termine einhalten; Protokoll überprüfen; Zusagen umsetzen; Geschäftsleitung bzw. Vorstand informieren; kritische Punkte und Fälle klären; Zwischen-Inventuren machen.

Abb. 3.21   Vorgehensweise einer Zielvereinbarung

▨ Leitbild und emotionale Intelligenz

Dem **Leitbild** des Unternehmens kommt im Zusammenhang mit Mitarbeiterführung eine bedeutende Rolle zu. Die im Leitbild bekundeten Werte werden vom Mitarbeiter mit den geteilten Werten verglichen, gewissermaßen wird ein Soll-/Ist-Vergleich durchgeführt und die Glaubhaftigkeit der Werte und Inhalte eines Leitbildes überprüft. Jeder Mitarbeiter muss sich in diesen Inhalten wieder finden bzw. sich mit den Werten identifizieren. Zu diesen Inhalten zählen u. a. die Vision, die Mission, Zielfelder und das Selbstverständnis.

Die Kernbereiche der **emotionalen Intelligenz** liegen in der Fähigkeit des Selbst-Managements, d. h. eigene Emotionen beeinflussen und gestalten; des Selbstbewusstseins, d. h. eigene Emotionen bewusst wahrnehmen und erkennen; der Selbstmotivation, d. h. eigene Emotionen zur Verwirklichung der eigenen Ziele nutzen; der Empathie, in der Lage zu sein, sich in andere Menschen einfühlen zu können, und dem Engagement, d. h. Beziehungen gestalten und mit Konflikten umgehen können.

■ Mitarbeitergespräch

Mitarbeitergespräche sind Plattformen für wechselseitige Rückmeldungen zwischen Vorgesetzten und Mitarbeiter über Probleme am Arbeitsplatz, Leistungen und Arbeitsverhalten, Arbeits- und Entwicklungsziele, Perspektiven für die berufliche Entwicklung sowie geeignete Qualifizierungs- und Fördermaßnahmen u. a. Mitarbeitergespräche sind zentrale Elemente des Beurteilungs- und Fördersystems. Varianten des Mitarbeitergesprächs können das Kritik-, Informations-, Beurteilungs-, Ziel-, Motivations-, Überzeugungs- und Feedbackgespräch sein. Für die Vorbereitung eines Mitarbeitergesprächs sollten folgende Schritte, Themenbereiche und Inhalte berücksichtigt werden:

- Thema, über das gesprochen werden soll;
- Ziele, die es zu erreichen gilt;
- Verfahren, wie vorgegangen werden soll;
- Erwartungen, welche an den Mitarbeiter gestellt werden;
- Erfahrungen, die der Mitarbeiter mitbringt;
- Widerstände, die zu erwarten sind;
- Ablauf und Struktur des Gesprächs;
- Ergebnisse, die denkbar sind.

3.12 Management der Informationstechnologie im Tourismus (CRS/GDS)

In touristischen Unternehmen kommt branchenübergreifende und branchenspezifische Software für die Bewältigung der vielfältigen Aufgaben wie z. B. Information und Beratung, Verkauf von Zusatzleistungen, Reservierung, Veranstalterverwaltung, Eigenveranstaltungen, Buchhaltung, Marketing und Managementfunktionen zur Anwendung. Branchenübergreifende Software können integrierte Softwarepakete und Einzellösungen wie z. B. Textverarbeitung, Kalkulationsprogramme, DTP und Datenbanken sein. Zur branchenspezifischen Software gehören Standardsoftware und individuelle Software. Eine individuelle Softwarelösung ist nur dann zu vertreten, wenn sie historisch durchwachsen ist. Heutzutage, bei einer Fülle von fertigen Programmen auf dem Softwaremarkt, ist es nicht ratsam, einen sehr arbeitsaufwendigen und kostspieligen Einzellösungsweg anzustreben. Der Markt der Softwareanbieter umfasst ca. 60 Softwarehäuser für Reisebüros/Reisemittler, ca. 20 für Reiseveranstalter, ca. 60 für die Hotellerie und ca. 15 für den Bereich Tagungs-, Messe- und Kongresswesen. Die Vorteile der Softwareanbieter in der Touristik liegen u. a. in der schnellen Einsatzmöglichkeit, Bereitschaft der Softwarehäuser, die Software individuell anzupassen und in der Modularität der Software. Die Nachteile der Softwareanbieter sind u. a. ihre kurze Branchentätigkeit, die Herkunft der Software und der Softwareanbieter und der Umstand, dass eine touristische bzw. Informatikausbildung nicht immer gegeben ist sowie die Unternehmensgröße (meist kleine Softwarehäuser).

Die Kriterien zur Beurteilung und Auswahl von Softwareprodukten sind u. a. Softwarefunktionen (Erfüllung der Anforderungen aus dem Sollkonzept, Modularität der Software, Bedienerfreundlichkeit und Kompatibilität zu anderen Programmen), technische Voraussetzungen (Nutzung von schon vorhandener Hardware, Systemsoftware, DFÜ), Service (Komplettlösung möglich, Installationsfragen, Schulung, Hotline, Dokumentation, Wartung, Update, Upgrade), Kosten (Kauf, Leasing, Miete, Folgekosten, Betrieb, Wartungskosten) und sonstige Kriterien (Kauf, Leasing, Miete, Folgekosten, Betrieb, Wartungskosten). Informationstechnologien, die hochkomplex, multifunktional und vielfach eingesetzt werden, sind das Global Distribution System und das Computer Reservation System.

Global Distribution Systems (GDS) und Computer Reservation Systems (CRS) sind computergestützte Reservierungs- und Reiseinformationssysteme, die u. a. der Daten- und Informationsübermittlung dienen, und weitere Funktionalitäten für den Front-, Mid- und Backoffice-Bereich eines touristischen Unternehmens, insbesondere der Reisemittler, Reiseveranstalter und Fluggesellschaften, bereithalten. Es handelt sich um von Fluggesellschaften, Reiseveranstaltern, Hotels, Informationstechnologie-Anbietern oder Rechenzentren betriebene Systeme, die sowohl dem Einzel- als auch dem Gesamtleistungsträger sowie dem Endnutzer mit Hilfe der Datenfernübertragung, Reservierungs-, Kommunikations- und Informationsfunktion mit einheitlicher Benutzeroberfläche anbieten. Sie sind gleichzeitig Informations-, Kommunikations-, Reservierungs- und Vertriebssystem.

Heutige GDS/CRS gehören nicht mehr mehrheitlich einer oder mehreren international operierenden Fluggesellschaften, und sind auch nicht mehr ausschließlich auf die Bedürfnisse von Luftverkehrsgesellschaften zugeschnitten, sondern sie stehen allen interessierten Leistungsträgern und Anbietern touristischer Dienstleistungen sowie den Vertriebseinheiten offen. Jeder Einzel- oder Gesamtleistungsträger kann gegen Errichtung einer Nutzungs-/Bereitstellungsgebühr seine Angebote im System darstellen lassen. Zusätzlich verlangen die Systembetreiber von den angeschlossenen Reisemittlern eine monatliche oder jährliche Nutzungspauschale (Miet- oder Lizenzgebühren). Einzel- und Gesamtleistungsträger müssen ihrerseits noch zusätzlich eine Nutzungsgebühr nach Segmenten oder Anzahl der Buchungen an den Systembetreiber entrichten.

Ein GDS/CRS „lebt" von der Buchungssegment-Produktion und von der Verbreitung von Informationen an die Nutzer. Diese Systeme sind als „Multi-Access-Systeme" konzipiert, d. h. als Rechnerverbünde, die den Nutzern direkten Zugriff auf die Reservierungssysteme mehrerer Einzel- und Gesamtleistungsträger gewähren.

3.12.1   Abgrenzung und Träger der Systeme

Es herrscht vielfach Uneinigkeit darüber, was nun ein GDS und was ein CRS ist.

Per Definition sind **Global Distribution Systems (GDS)** neutrale Plattformen, die zwar in ihren Anfängen von Fluggesellschaften initiiert und entwickelt wurden, im Laufe der Zeit jedoch gegen Gebühren grundsätzlich jedem Einzel- und/oder Gesamtleistungsträger zur Verfügung gestellt wurden. Ein GDS kann wie ein Marktplatz oder ein Einkaufszentrum betrachtet werden. Auf der einen Seite stehen die touristischen Produkte/Dienstleistungen und das Sortiment unterschiedlichster Anbieter und Produzenten, auf der anderen Seite die Kunden, im vorliegenden Fall der geschlossene Nutzerkreis der Reisemittler bzw. Distributoren. **Computer Reservation Systems (CRS)** sind im Gegensatz zu den GDS keine neutralen Plattformen, sondern die jeweiligen Einzelplattformen der jeweiligen Produzenten. Gewissermaßen ist das CRS die Verkaufstheke eines einzelnen Produzenten. Diese „Verkaufstheke" kann nun auf einem „Marktplatz" oder in einem „Einkaufszentrum" oder für sich isoliert stehen. Das bedeutet, dass Einzelleistungsträger wie Hotelgesellschaften und -ketten, Fährgesellschaften, Kreuzfahrtveranstalter, Pauschalreiseveranstalter ihre Produkte sowohl in ein CRS einstellen können und gleichzeitig über ihr hauseigenes GDS weitere Vertriebskanäle erschließen können. Eine weitere Form von Computersystemen stellen **Umbrella-Systeme** dar. Diese sind kostengünstige Varianten von elektronischen Systemen zum gemeinsamen Anschluss sowohl kleinerer und mittlerer Einzel- und Gesamtleistungsträger aber auch kleinerer Reisemittler an die großen GDS- und CRS-Systeme.

Die Träger der Informationstechnologie sind i. d. R.:

- **Content Provider**: sind für die Inhalte Objektbeschreibung, Bilder, Preistabellen, Informationen über die Zielgebiete, Produkte zuständig;
- **Einzel- und Gesamtleistungsträger**: z. B. Fluggesellschaften, Bahngesellschaften, Mietwagen-Broker, Reiseveranstalter, Hotelketten, Fremdenverkehrsämter;
- **Service Provider**: sind die Media-Fabriken, die beispielsweise die Digitalisierung der Daten und Datenkompressionen vornehmen, Layouts entwerfen, und weitere Dienste für die optisch ansprechende Darstellung der Informationen im System erbringen;
- **Informationsbroker**: sind die Betreiber von GDS/CRS-Systemen und deren Partnersystemen;
- **Infrastrukturbetreiber**: stellen die Kommunikationswege zur Verfügung (Telekommunikationsnetze); diese sind z. B. Telefongesellschaften, geschlossene Datenkommunikationsnetze (z. B. SITA), Satelliten, Local-Area-Network (LAN), Wide-Area-Network (WAN);
- **User**: sind gewerbliche Nutzer wie beispielsweise Reisemittler, Verkaufsbüros der Fluggesellschaften oder Endkunden (Privatreisende und Geschäftsreisende).

Die wichtigsten im deutschen Markt vertretenen GDS sind **Amadeus** Germany GmbH, **Galileo** Deutschland GmbH, **Sabre** Travel Network und **Worldspan** Services Ltd.

Amadeus Germany GmbH

Die Gründungsmitglieder von Amadeus waren die deutsche Lufthansa AG, die französische Air France, die spanische Iberia, und die amerikanische United Airlines. Das GDS ist entstanden aus den nationalen CRS eben genannter Fluggesellschaften und einer Kooperation mit Abacus und der Fusion mit System One, beides ehemals nordamerikanische CRS. Die Amadeus Germany GmbH ist Deutschlands führender Anbieter von IT-Lösungen für die Reisebranche. Das 1971 gegründete, aus START hervorgegangene Unternehmen, liefert heute ein umfassendes Angebot für den Vertrieb touristischer Leistungen aller Art. Für den Geschäftsbereich bietet Corporate Solutions leistungsstarke Geschäftsreise-Lösungen für effizientes Travel Management in Unternehmen. In Deutschland arbeiten ca. 85% aller Reisebüros an ca. 45.000 PCs mit dem modernen, leistungsstarken und hoch entwickelten Amadeus System. Über 95.400 Reisebüros sowie mehr als 32.800 Airline-Verkaufsbüros in über 217 Märkten weltweit nutzen sein Netz und das leistungsstarke Datenzentrum. In Deutschland sind über Amadeus derzeit ca. 500 Fluggesellschaften, über 75.000 Hotels, 22 Mietwagen-Firmen, rund 190 Reise- und Busveranstalter, 74 Verkehrsverbünde, 40 europäische Bahnen, 30 Fähranbieter, sechs Versicherungsanbieter, ein Event-Ticket-Anbietersystem mit mehr als 7.000 Vorstellungen pro Tag sowie 13 Kreuzfahrtanbieter abruf- und buchbar. Alleiniger Gesellschafter von Amadeus Germany ist die Amadeus IT Group SA, ein weltweit führender Anbieter von Technologie- und Vertriebslösungen für die Reise- und Tourismusbranche.

3.12.2   Leistungsangebot, Funktionalität und Finanzierung

Das Leistungsangebot der GDS/CRS umfasst die Angebotsdarstellung der Produkte und Dienstleistungen, umfängliche Tarifinformationen, Tarifsysteme und Möglichkeiten der Tarifoptimierung, einen Zugriff auf globale Datenbanken, Informationsdienste und Kommunikationsnetze. Darüber hinaus werden Informations-, Reservierungs- und Dokumentendruckfunktionen sowohl für Primär- als auch für Komplementärleistungen und Komplementärprodukte angeboten, ein Verwaltungsmanagement und eine Yield-Optimierungsfunktion steht ebenfalls zur Verfügung. Ferner werden Marketing- und Customer-Relationship-Managementfunktionen, eine Help-Desk- und eine Schulungsfunktion angeboten. Diese Systeme ermöglichen Markttransparenz zwischen ähnlichen Produkten und Verkaufsabschlüsse touristischer Leistungen.

Hinsichtlich des Zugriffs auf das Leistungsangebot werden unterschiedliche Zugriffsberechtigungen unterschieden. Es werden ebenso hohe technische und kaufmännische Sicherheitsstandards gewährleistet. Die Angebote verfügen über eine hohe Aktualität und werden nach kontrollierten und definierten Qualitätsstandards in das System eingespeist. Die Funktionalität der GDS/CRS definiert sich u. a. über die:

- **Bereitstellungsfunktion der Leistungsanbieter**: Flug-, Bahn-, Bus-, Schiff-fahrts- und Fährgesellschaften, Hotelkonzerne, Reiseveranstalter und andere touristische Dienstleister (z. B. Reiseversicherungen, Ticket-Agenturen);
- **Informationsfunktion der Leistungsanbieter**: Wetter, Fahr- und Flugpläne, neutrale Produktinformationen, Preistabellen;
- **Reservierungsfunktion**: Echtzeitreservierung als feste oder optionale Buchung, Anfragemöglichkeit;
- **Vertriebsfunktion**: sie sichert den Einzel- und Gesamtleistungsträgern einen flächendeckenden Vertrieb, sowohl regional als auch global, einerseits durch den sofortigen Zugriff auf alle Produkte und andererseits durch Mehrwerte des Systems; z. B. Front-, Mid-, Backoffice-Funktion, Verwaltung und andere Tools;
- **Marketingfunktion**: ihr kommt derzeit die größte Bedeutung zu; z. B. durch Angebotsbündelung, Erschließung neuer Märkte, als Kommunikations- und Informationskanal, Auslastungssteuerung, Kosten- und Ertragsoptimierung sowie Kostentransparenz.

Das Betreiben von GDS/CRS erfordert hohe Investitionen und laufende Kosten: Investitionen für Hardware, Basis-Software, Standortkosten, Kommunikationskosten und Datennetze; laufende Kosten für permanente Weiterentwicklung, Programmierung, Leitungs- und Kommunikationsgebühren sowie aufwendige Abrechnungssysteme und hohe Personalkosten. Einnahmen der Systembetreiber sind u. a.:

- **Bereitstellungsgebühren seitens der Anbietern**: jeder Anbieter der das GDS-/CRS-System als Plattform für den Vertrieb und Bekanntmachung seiner Produkte und Dienstleistungen nutzt, muss zunächst einmal eine Bereitstellungsgebühr entrichten, mit der üblicherweise die Bereitstellung einer bestimmten Datenmenge abgegolten ist;
- **umsatz- und leistungsabhängige Gebühren**: diese richten sich nach der verkauften Menge an Produkten und Dienstleistungen (z. B. Anzahl der Segmente, Anzahl der Teilnehmer, Umsatzstufen) und werden von den Anbietern erhoben;
- **Auflistungsgebühren**: bezahlen ebenfalls die Anbieter für die optimale und standardisierte Darstellung in den jeweiligen Verkaufsplattformen (z. B. Bildschirmmasken);
- **Lizenzgebühren**: werden im Zuge der Globalisierung von Rechenzentren in weiten Teilen der Welt verlangt, die in ihrer jeweiligen Region dieses System zur Verfügung stellen wollen, wo der Systembetreiber aber kein Risiko für diese Region eingehen will;
- **Service-Entgelte oder Nutzungsgebühren**: werden von den Nutzern, u. a. den Reisebüros, Reisemittlern, Firmendienststellen, Fluggesellschaften verlangt. Diese Gebühr wird für die kommerzielle Nutzung nach unterschiedlichen Kriterien erhoben. Maßgebende Kriterien sind z. B. die Anzahl der Leitungen und Terminals in dem Betriebsstandort, gewünschte Module (z. B. nur Flug und Bahn oder nur Touristik und Verwaltung), Standleitung oder Web-Client-Variante, Reservierungs- oder/und Dokumentendruckfunktion, Buchhaltung und Vorgangsverwaltung.

3.12.3 Vor-, Nachteile und rechtliche Problematik

Wesentliche Vor- und Nachteile der GDS/CRS für die wichtigsten Benutzergruppen Reisebüros/Reisemittler, international operierenden Reisebüroketten, Reiseveranstalter und Fluggesellschaften werden nachfolgend aufgeführt.

Reisebüros/Reisemittler können durch den Einsatz der GDS/CRS eine Verbesserung der Beratungsqualität (durch die Frontoffice-Funktion) u. a. durch erheblich größere Angebotsvielfalt und bessere Selektionsmöglichkeiten erreichen. Hilfreich sind Kundendatenbankverwaltung und Pflege von „Customer Profile" oder Kundenprofilen (durch die Midoffice-Funktion), insbesondere für die Kundenpflege und eine gute Customer-Relationship-Management-Strategie (CRM). Eine Buchhaltungs- und Controllingfunktion, Überwachung der Zahlungseingänge (durch die Backoffice-Funktion) sowie Umsatzsteigerung durch schnelle, gezielte Beratung und Geschäftsabwicklung und eine zuverlässige, kostengünstige und weltweite Kommunikation mit Partnerbüros und den Leistungsträgern, die Unterstützung der Reservierungsabteilung, der Marketingabteilung und des Managements runden die Vorteilhaftigkeit des Systemeinsatzes ab.

Für international operierende **Reisebüroketten und Reisebürokooperationen** sowie Reisebüro-Franchise-Systeme (zusätzlich zu den o. a. Vorteilen der Reisebüros) wird durch die Systeme ein weltweiter Service sowie eine weltweite Kommunikation innerhalb der Organisationen, Datenaustausch und weltweiter Zugriff auf Passagier- und Kundendaten ermöglicht; der Kunde/Reisende kann weltweit optimal betreut werden bzw. die Systeme ermöglichen weltweite Kontaktpunkte insbesondere für Geschäftsreisende. Eine Effizienzsteigerung durch Kundenprofile, höhere Buchungsqualität, Hinterlegung von Reiserichtlinien der Firmen, rationellere Arbeitsgänge und optimale Prozesskosten runden auch hier die Vorteile der Systeme ab.

Vorteile für international tätige **Reiseveranstalter** bietet die vollautomatische Abwicklung und weltweite Buchbarkeit des gesamten Leistungsangebotes und der Produktpalette. Weiterhin ist die Kontingentpflege, Auslastung und Steuerung, der automatische Dokumentendruck und der Voucher-Druck mit zeitgleichem Datentransfer an die Clearing-Stelle zu erwähnen. Darüber hinaus ist ein weltweiter Vertrieb mit kundengruppenunabhängiger Funktionalität und standardisierter Vernetzung mit Leistungsträgersystemen im Rund-um-die-Uhr-Betrieb möglich, was wiederum eine Betreuung der Gäste im Zielgebiet und eine Vertriebssteuerung durch schnelle Eingriffe ermöglicht.

Die wesentlichen Vorteile für **Fluggesellschaften** bestehen u. a. in der Fähigkeit zur raschen Reaktion auf die Wettbewerbssituation, in ihrer Stärkung der Marktposition gegenüber den Mitbewerbern, in einer besseren Darstellung der Kooperationsprodukte (Allianz-Bildung), in der Erweiterung der/ihrer Marktpräsenz; in einem gezielten und gesteuerten Vertrieb, in höheren Umsätzen, in einer verbesserten Produktivität, in freigesetzten Rationalisierungseffekten, in einer optimalen Verkaufsfunktion durch schnelles und zügiges Up-Dating und in einer optisch ansprechenden Präsentation der Informationen und des Produktes.

◼ Nachteile und rechtliche Aspekte der GDS/CRS

Vor dem Hintergrund zunehmender Marktsättigung und härter umkämpfter Märkte einerseits und der nahezu monopolartigen Stellung einiger global agierender GDS in nationalen und internationalen Märkten andererseits, ergeben sich sowohl Nachteile für die Anbieter und Nutzer als auch eine Vielzahl rechtlicher Aspekte und Probleme. Bedingt wird dies durch die Internationalität und somit durch die unterschiedlichen Rechtslagen und Gesetzeslagen der nationalen Staaten und Zusammenschlüsse wie beispielsweise die Europäische Union. Internationale Verbände und Institutionen die rechtliche Empfehlungen abgeben bzw. Sorge tragen, dass den Anbieter und Nutzer keine Nachteile entstehen, sind:

International Civil Aviation Organisation (ICAO): veröffentlichte erstmals 1988 „CRS-Richtlinien" und gab diese im Code of Conduct (COC) bekannt. Dieser COC hatte jedoch für die Mitgliedstaaten nur empfehlenden Charakter.

European Civil Aviation Conference (ECAC): verabschiedete den für Europa und die EU-Staaten maßgebenden COC der im Wesentlichen u. a. folgende Forderungen enthält: Darstellungskriterien der Flüge nach neutralen und verbrauchergerichteten Kriterien wie z. B. Reisezeit, Nonstop-Flüge, Stop-Flüge und Direkt-Flüge; Nutzern (z. B. Reisebüros) dürfen keine eigenen Selektionskriterien zur Verfügung gestellt werden, die die Reihenfolge der Darstellungsneutralität verändern; irreführende Informationen über Streckenführung müssen ausgeschlossen sein; es darf kein Teilnehmer am System durch Sonderzahlungen Vorteile erhalten; Systembetreiber dürfen keine Nutzer oder Anbieter daran hindern, ein anderes System mitzubenutzen; die Behörden der EU oder der nationalen Staaten haben das Recht, bei Verstößen, die Systembetreiber mit erheblichen Geldbußen zu belegen.

Im nordamerikanischen Raum stellt sich bezüglich der rechtlichen Problematik und den daraus folgenden Sanktionsmöglichkeiten ein uneinheitliches Bild dar. Während die USA den Code of Conduct in einigen Punkten weniger streng auslegt und handhabt als die EU, pflegt Kanada eine sehr restriktive Gesetzgebung. Im internationalen Vergleich gelten die kanadischen CRS-Richtlinien als die strengsten. In Asien, Afrika und Südamerika existieren de facto noch keine Regeln und Vorschriften. Die gängigsten Probleme und somit Nachteile sowohl für den Anbieter von Leistungen als auch für den Nutzer sind:

Display Bias oder der **„technisch eingebaute Vorteil"** eines Anbieters, das umstrittenste Thema im GDS/CRS-Wettbewerbsbereich: hierbei handelt es sich um eine bevorzugte Darstellung eines Anbieters durch z. B. manipulierte Flugzeit, um auf der Anzeige eine bessere und bevorzugte Darstellung vor dem Konkurrenten zu erhalten.

Halo-Effekt: entscheidend für die Fluggesellschaften ist die Reihenfolge der aufgeführten Flüge für eine bestimmte Destination. Reisebüroinhaber neigen dazu, die Gesellschaften der Systembetreiber zu bevorzugen. Durch die bevorzugte Darstellung der Fluggesellschaften in den eigenen Systemen erfahren sowohl andere Anbieter als auch Kunden einen Nachteil durch mangelnde Transparenz und Beratungsneutralität.

Datenverkauf: oftmals stehen Systembetreiber in der Kritik, da sie sensible Kunden-daten von Reisebüros, Fluggesellschaften und Reiseveranstalter weiterverkaufen.

Finanzielle Diskriminierung: gegen den Grundsatz „gleicher Preis für gleiche Leis-tungen" verstoßen viele Systembetreiber in der Form, dass die eigenen Gesellschaften preislich bevorzugt werden bzw. Wettbewerber höhere Gebühren für die Darstellung bezahlen müssen.

Scheinbuchungen oder passive Buchungen: Fluggesellschaften gewähren den Rei-sebüros und Firmendienststellen zusätzliche Anreize in Form einer minimalen Gebühr (i. d. R. 0,50 Euro) pro gebuchtem Flugsegment. Viele Reisebüros verbessern ihre Einnahmeseite durch künstliche Buchungen bzw. durch Übertrag einer Buchung aus einem anderen System ins eigene System, um so an den Boni zu partizipieren.

Haftung bei GDS/CRS-Fehler: Systembetreiber schließen grundsätzlich eine Haf-tung aus. Für korrekte Informationen sind die Anbieter verantwortlich. Jedoch können die Fehlerquellen (z. B. verlorene Buchungen, technische Fehler) durchaus auf der Seite der Systembetreiber zu finden sein.

Architectural Bias: bevorzugte Darstellung der Betreibergesellschaften eines GDS/CRS.

Screen-Clutter: hierbei schöpfen die Fluggesellschaften alle Möglichkeiten aus, um einen Flug in mehrere Versionen anzubieten (z. B. als Nonstop-, als Stop- und als Direktflug), um möglichst oft hintereinander gelistet zu werden.

Liquidated Damage Clauses: hierbei sichern sich die Systembetreiber das Recht, hohe Abstandszahlungen, Schadensersatz für geschätzten Umsatzausfall von den Reisebüros, Reiseveranstalter zu fordern.

Wichtige Erkenntnisse

- Unter *Yield-Management* versteht man die dynamische Steue-rung der Preise und Kapazitäten, um die vorhandene oder vor-gegebene Gesamtkapazität ertrags- und gewinnoptimal zu nut-zen.
- Die Instrumente des Yield-Managements sind die Preisdifferen-zierung und gezielte Kapazitätssteuerung durch Kontingentie-rung der angebotenen Beförderungs-, Beherbergungs- und Dienstleistungen (z. B. Beförderungsklassen oder Hotelzimmer-kategorien).
- *Management* kann als Tätigkeit bzw. als Technik und als Institu-tion (z. B. Top-, Middle- und Lower-Management) betrachtet werden.

- *Cash-Management* bezeichnet alle Maßnahmen der kurzfristigen Finanzdisposition im Unternehmen und dient der Überwachung und Steuerung des Dispositionsbestandes an liquiden Mitteln (z. B. Bargeld, Sichtguthaben, nicht ausgenutzte Kreditmöglichkeiten und kurzfristig monetisierbare Finanzanlagen).

- *Krisenmanagement* ist eine „besondere Form der Führung", deren Aufgabe es ist, Prozesse zu bewältigen, die den Fortbestand der Unternehmung substanziell gefährden oder unmöglich machen.

- Es sei jedem Unternehmen dringend geraten, ein Handbuch zu erstellen, welches für alle Mitarbeiter den „Fahrplan" für die Bewältigung der Krise aufzeigt.

- *Risikomanagement* ist die systematische Erfassung und Bewertung von Risiken sowie die Steuerung von Reaktionen auf festgestellte Risiken.

- Verbesserte Qualität bedeutet verbesserte Produktivität.

- Die empfundene Qualität der Gäste kann sich von objektiver Qualität des touristischen Anbieters ganz erheblich unterscheiden!

- Projekte zeichnen sich durch die Merkmale Einmaligkeit, zeitliche Begrenzung, hohe Komplexität, Umfang (geht über einzelne Unternehmensbereiche hinaus) und durch ein hohes Risiko (meist finanzieller Natur) aus.

- *Corporate Social Responsibility-Management* erfolgt auf freiwilliger Basis, umfasst soziale und Umweltbelange, ist in die Unternehmenstätigkeit eingebunden und bietet Gestaltungschancen für Stakeholderbeziehungen.

- *Lean-Management* ist ein pragmatisches, ganzheitliches und integratives Konzept der Unternehmensführung mit strikter Ausrichtung auf Kundenzufriedenheit und Marktnähe und verfolgt die kontinuierliche Verbesserung von Produktivität, Qualität und Prozesse.

- *Change-Management* soll den Wandel im Unternehmen und in der Organisation unterstützen, die Umsetzungswahrscheinlichkeit erhöhen, das Risiko des Scheiterns reduzieren und helfen, Veränderungen nachhaltig zu gestalten.

- Den richtigen Mitarbeiter für den benötigten Zeitpunkt/Zeitraum am gewünschten Einsatzort zu finden ist u. a. die Aufgabe des *Personalmanagements*.

Vertiefungsfragen   **?**

? Definieren Sie den Begriff Management? Welche Tätigkeiten umfasst Management?

? Welche Managementformen spielen im touristischen Leistungsprozess u. a. eine Rolle?

? Welcher Wandel hat Yield-Management zu einem preispolitischen Instrument der modernen Unternehmensführung werden lassen?

? Warum lässt sich Yield-Management, das seinen Ursprung im Luftverkehr hat, mühelos auf die Beherbergungsbranche übertragen? Erläutern Sie die Gründe ausführlich.

? Im Tourismus werden drei Dimensionen der Qualität unterschieden. Nennen Sie diese und beschreiben Sie diese ausführlich.

? Nehmen Sie zu der Aussage „Der Qualitätsgedanke kann nicht delegiert werden, sondern er muss von allen gelebt werden" kritisch Stellung.

? Warum ist Krisenmanagement für ein Unternehmen wichtig? Was ist für eine Krise typisch?

? Was soll angewandtes Krisenmanagement eines Unternehmens vermeiden helfen?

? Was bedeutet Risikomanagement und welche zentralen Aufgaben kommen dem Risikomanagement zu?

? Wie gehen Sie bei der Bewältigung von Risiken vor? Was sind vertragliche und was sind (mögliche) produktbezogene Risiken?

? Worin unterscheidet sich Cash-Management von der Finanzplanung?

? Was bedeutet Projektmanagement und durch welche Merkmale zeichnet es sich aus?

? Zeigen Sie Beispiele für angewendetes Projektmanagement im Tourismus auf.

? Begründen Sie, warum eine Fusion zweier touristischer Unternehmen Projektcharakter hat.

? Zeigen Sie die Notwendigkeit des CSR-Managements auf. Warum wird dies im Tourismus immer wichtiger?

? Welche ökonomischen Vorteile kann ein touristisches Unternehmen durch gelebtes CSR-Management haben?

? Zeigen Sie die Relevanz des Lean-Managements und Merkmale der Umsetzung in touristischen Unternehmen auf.

? In welchem Umfang wird Lean-Management in Abhängigkeit von seinen Prinzipien im Tourismus angewendet bzw. umgesetzt?

? Erläutern Sie anhand von praxisnahen Beispielen die Relevanz des Change-Managements im Tourismus bzw. in touristischen Unternehmen.

? Begründen Sie, warum Change-Management bei der Belegschaft immer als problematische Managementform eingestuft wird.

? Schildern Sie grundsätzliche Problematiken des Personalmanagements im Tourismus.

? Worin bestehen die wesentlichen Vorteile von GDS gegenüber typischer Individualsoftware?

? Zeigen Sie Problemfelder der Leistungsträger auf, die ihre Produkte bzw. Dienstleistungen über GDS vertreiben.

Literaturhinweise

- Bamberger, I., Wrona, Th., Strategische Unternehmensführung, München 2004
- Bastian, H., Born, K., Der integrierte Touristikkonzern, München 2004
- Bösenberg, D., Metzen, H., Lean Management, 4. Aufl., Landsberg a. L. 1993
- Dettmer, H. (Hrsg.), Managementformen im Tourismus, München/Wien 2005
- Dreyer, A., u. a., Krisenmanagement im Tourismus, München 2001
- Ebel, B., Qualitätsmanagement, Berlin 2001
- Hungenberg, H., Strategisches Management in Unternehmen, 3. Aufl., Wiesbaden 2004
- Müller, H., Qualitätsorientiertes Tourismus-Management, Bern 2004
- Olfert, K., Rahn, H. J., Lexikon der Betriebswirtschaftslehre, 7. Aufl., Ludwigshafen 2011
- Pompl, W., Lieb, G. M., Qualitätsmanagement im Tourismus, München 1997
- Steinmann, H., Schreyögg, G., Management, 5. Aufl., Wiesbaden 2002
- Weiermair, K., Pikkemaat, B., Qualitätszeichen im Tourismus, Berlin 2004

Internetquellen

- http://www.elvia.de/
  Mondial Assistance International AG – Elvia Reiseversicherung
- http://www.prgs.de/
  Unternehmensberatung für Politik- und Krisenmanagement

Literaturverzeichnis

Bamberger, I., Wrona, Th., Strategische Unternehmensführung, München 2004

Bastian, H., Born, K., Der integrierte Touristikkonzern, München 2004

Becker, P., Service-Management im Luftverkehr am Beispiel einer Verkehrszentrale, Düsseldorf 2003

Berg, W., Tourismusmanagement, 3. Aufl., Ludwigshafen 2012

Berg, W., Managementstrategien/Qualitätsmanagement, Frankfurt a. M. 2004

Berthel, J., Personal-Management, Stuttgart 1997

Bieger, T., Management der Destination, 5. Aufl., München 2002

Bösenberg, D., Metzen, H., Lean Management, 4. Aufl., Landsberg a. L. 1993

Böttcher, V., Wie stellen sich Touristikkonzerne auf neue Technologien und verändertes Kundenverhalten ein?, Köln 2005

Bundesministerium für Arbeit und Soziales (BMAS), Unternehmens-Werte, Corporate Social Responsibility (CSR) in Deutschland, Berlin 2008

Bütow, M., Grundlagen Tourismus, Frankfurt a. M. 2006

Dedy, H., Hansen C., Thesen zu kommunaler Tourismuspolitik, Berlin 2006

Dettmer, H. (Hrsg.), Tourismus 1, Köln 1998

Dettmer, H. (Hrsg.), Tourismus 3, Stuttgart 2001

Dettmer, H./Glück, E./Hausmann, Th./Kaspar, C./Logins, J./Opitz W./Schneid, W., Tourismustypen, München 2000

Dettmer, H. (Hrsg.), Managementformen im Tourismus, München/Wien 2005

Dettmer, H., Hausmann, T. (Hrsg.), Fachbegriffe Wirtschaft, Troisdorf 2006

Dettmer, H. (Hrsg.), Hausmann, T., Kaspar, C., Opitz, W., Schneid, W., Tourismusbetriebswirtschaft 2 – Managementformen im Tourismus, Wien 1999

Deutsche Zentrale für Tourismus (DZT), Incoming Tourismus Deutschland 2012, Frankfurt a. M. 2013

Deutsche Zentrale für Tourismus (DZT), Incoming Tourismus Deutschland 2011, Frankfurt a. M. 2012

Deutsche Zentrale für Tourismus (DZT), Incoming Tourismus Deutschland 2010, Frankfurt a. M. 2010

Deutsche Zentrale für Tourismus (DZT), Incoming Tourismus Deutschland 2008, Frankfurt a. M. 2009

Deutscher ReiseVerband (DRV), Fakten und Zahlen zum deutschen Reisemarkt 2012, Berlin 2013

Deutscher ReiseVerband (DRV), Fakten und Zahlen zum deutschen Reisemarkt 2007, Berlin 2008

Dreyer, A., u. a., Krisenmanagement im Tourismus, München 2001

Ebel, B., Qualitätsmanagement, Berlin 2001

Eisenstein, B./Rast, C., Wettbewerb der Destination, Fontanari, M. L., Scherhag, K. (Hrsg.), Wiesbaden 2000

Freyer, W., Tourismus, 10. Aufl., München/Wien 2011

Forschungsgemeinschaft Urlaub und Reisen (F.U.R.), RA 2013, Die 43. Reiseanalyse 2012, Kiel 2013

Forschungsgemeinschaft Urlaub und Reisen (F.U.R.), RA 2008, Die 38. Reiseanalyse 2008, Kiel 2008

Fvw, Deutscher Reisevertrieb 2011, Dossier, Ausgabe 12/12, Hamburg 2012

Fvw, Deutsche Reiseveranstalter 2012, Dossier, Ausgabe 25/12, Hamburg 2012

Füth, G., Spezielle Betriebswirtschaftslehre für Reiseverkehrs- und Tourismusunternehmen, 2. Aufl., Frankfurt a. M. 2001

Gabler Wirtschaftslexikon, 15. Aufl., Wiesbaden 2000

GATE e. V., Corporate Social Responsibility im Tourismus, Hamburg 2008

Gomez, P., Die Herausforderung in turbulenter Zeit, St. Gallen 1997

Groth, U./Kammel, A., Lean Management Konzept, Wiesbaden 1994

Haedrich, G., Kaspar, C., Klemm, C., Kreilkamp, E., Tourismus-Management, 3. Aufl., Berlin/New York 1998

Hinterhuber, H. H., Strategische Unternehmensführung I & II, 7. Aufl., Berlin 2004

Hungenberg, H., Strategisches Management in Unternehmen, 3. Aufl., Wiesbaden 2004

Josse, G., Strategische Frühaufklärung im Tourismus, Wiesbaden 2004

Jung, H., Personalwirtschaft, 6. Aufl., München 2005

Kaspar, C., Die Fremdenverkehrslehre im Grundriss, 3. Aufl., Bern 1986

Kaspar, C., Einführung in das Tourismus-Management, Bern 1992

Kaspar, C., Management im Tourismus, 2. Aufl., Bern 1995

Kostka, C./Mönch, A., Change Management, 2. Aufl., München 2002

Kotler, P./Bliemel, F., Marketing-Management, 10. Aufl., Stuttgart 2001

Kreilkamp, E., Reisebüros unter Druck, Wiesbaden 2002

Kreilkamp, E., Strategische Frühaufklärung im Rahmen des Krisenmanagements, Berlin 2005

Kotter, J.P., Chaos, Wandel, Führung, Berlin 1998

Kühne, R., Yield-Management, München 2003

Müller, H. R., Qualitätsorientiertes Tourismus-Management, Bern 2000

Müller, H., Qualitätsorientiertes Tourismus-Management, Bern 2004

Olfert, K., Rahn, H. J., Lexikon der Betriebswirtschaftslehre, 7. Aufl., Ludwigshafen 2011

Pompl, W., Lieb, G. M., Qualitätsmanagement im Tourismus, München 1997

Pompl, W., Touristikmanagement 1 & 2, Berlin/Heidelberg 1996, 1997

Rudolph, H., Tourismus-Betriebswirtschaftslehre, Dorn, D., Fischbach, R. (Hrsg.), München/Wien 1999

Schroeder, G., Lexikon der Tourismuswirtschaft, 4. Aufl., Hamburg 2002

Steinmann, H., Schreyögg, G., Management, 5. Aufl., Wiesbaden 2002

Taubken, N., Wie ethisch kann Tourismus sein? Corporate Responsibility als Unternehmensstrategie Scholz & Friends Reputation, Frankfurt a. M. 2008

Weiermair, K., Pikkemaat, B., Qualitätszeichen im Tourismus, Berlin 2004

Xylander, J. K., Kapazitätsmanagement bei Reiseveranstaltern, Wiesbaden 2003

Wichtige Internetquellen

- http://www.aea.be/
  AEA – Association of European Airlines
- http://www.aiest.org/org/
  AIEST – Association Internationale d'Experts Scientifiques du Tourisme
- http://www.asta.org/
  ASTA – American Society of Travel Agents Commission
- http://www.auswaertiges-amt.de/
  Auswärtiges Amt
- http://www.balticsea.com/
  BTC – The Baltic Sea Tourism
- http://www.btw.de/
  BTW – Bundesverband der Deutschen Tourismuswirtschaft e. V.
- http://www.bmbf.de/
  Bundesministerium für Bildung und Forschung
- http://www.bmelv.de/
  Bundesministerium für Ernährung, Landwirtschaft und Verbraucherschutz
- http://www.bmi.bund.de/
  Bundesministerium des Innern
- http://www.bmj.bund.de/
  Bundesministerium der Justiz
- http://www.bmu.de/
  Bundesministerium für Umwelt, Naturschutz und Reaktorsicherheit
- http://www.bmvbs.de/
  Bundesministerium für Verkehr, Bau und Stadtentwicklung
- http://www.bmwi.de/
  Bundesministerium für Wirtschaft und Technologie
- http://www.deutschland-tourismus.de/
  Deutsche Zentrale für Tourismus
- http://www.dehoga-bundesverband.de/
  Deutscher Hotel- und Gaststättenverband
- http://www.dstgb.de/
  Deutscher Städte- und Gemeindebund
- http://www.dsft-berlin.de/
  DSFT – Deutschen Seminars für Tourismus e. V.
- http://www.deutschertourismusverband.de/
  DTV – Deutscher Tourismusverband e. V.

- http://www.deutschland-tourismus.de/
  DZT – Deutsche Zentrale für Tourismus e. V.
- http://europa.eu/index_de.htm
  EU – Europäische Union
- http://www.femteconline.com/
  FEMTEC – Fédération Mondiale du Thermalisme et du Climatisme
- http://www.fur.de/
  FUR – Die Forschungsgemeinschaft
- http://www.iaca.be
  IACA – The International Air Carrier Association
- http://www.iata.org/index.htm
  IATA – International Air Transport Association
- http://www.elvia.de/
  Mondial Assistance International AG – Elvia Reiseversicherung
- http://www.oecd.org/department
  OECD – Organisation for Economic Co-operation and Development
- http://www.pata-germany.de/ und http://www.pata.org/
  PATA – Pacific Asia Travel Association
- http://www.skal.de/ und http://www.skal.org/
  Skål – Association Internationale de Professionnels du Tourisme
- http://www.destatis.de/
  Statistisches Bundesamt
- http://www.uftaa.org/
  UFTAA – United Federation of Travel Agents' Associations
- http://www.prgs.de/
  Unternehmensberatung für Politik- und Krisenmanagement
- http://www.unwto.org/
  UNWTO/WTO – World Tourism Organization
- http://www.unwto.org/
  World Tourism Organization
- http://www.wttc.org/eng
  WTTC – World Travel & Tourism Council

Stichwortverzeichnis